行政➕文秘➕人力 管理实操

从新手到高手

王晓均◎编著

中国铁道出版社有限公司
CHINA RAILWAY PUBLISHING HOUSE CO., LTD.

北　京

图书在版编目（CIP）数据

行政+文秘+人力管理实操从新手到高手 / 王晓均编著. — 北京：
中国铁道出版社有限公司，2024.1
ISBN 978-7-113-30669-4

Ⅰ.①行… Ⅱ.①王… Ⅲ.①企业管理-行政管理②企业-秘书学
③企业管理-人力资源管理 Ⅳ.①F272

中国国家版本馆CIP数据核字（2023）第207233号

书　　名：行政 + 文秘 + 人力管理实操从新手到高手
　　　　　XINGZHENG+WENMI+RENLI GUANLI SHICAO CONG XINSHOU DAO
　　　　　GAOSHOU
作　　者：王晓均

责任编辑：王　宏　　编辑部电话：(010) 51873038　　电子邮箱：17037112@qq.com
封面设计：宿　萌
责任校对：安海燕
责任印制：赵星辰

出版发行：中国铁道出版社有限公司（100054，北京市西城区右安门西街 8 号）
印　　刷：三河市宏盛印务有限公司
版　　次：2024 年 1 月第 1 版　2024 年 1 月第 1 次印刷
开　　本：710 mm×1 000 mm 1/16　印张：15.5　字数：221 千
书　　号：ISBN 978-7-113-30669-4
定　　价：69.80 元

如今无论是大公司还是小公司，都会涉及行政管理、文秘工作及人力资源管理。与其他职能部门、岗位相比，行政、文秘及人力资源相关的工作往往十分繁杂，会涉及企业的多个方面。虽然这些工作不能直接为企业带来收益，但是也正是有了这些工作的支撑，企业才得以正常运行下去。

在实际工作中，许多公司往往对这几个方面的工作有所忽视。短期来看企业是获得了不错的发展，但是由于内部管理混乱、操作不规范及人员流失严重等问题，会逐渐导致企业出现发展缓慢、各项风险和隐患增加的问题，最终使企业不能平稳运营下去，这就要求企业引起重视。

无论是初入职场的行政管理者、文秘工作者及人力资源管理工作者，还是有一定经验的工作者，都应当充分了解各自相关工作的特点和实操方法，才能在企业中站稳脚跟不断向上发展。

为了帮助企业的相关工作人员不断提升工作能力，使其最终成为管理精英，作者编写了这本书。

本书共 8 章，可大致划分为三部分。

第一部分为第 1 ~ 2 章，主要介绍文秘相关工作，包括企业文书编写、文件收发及档案管理等内容，帮助文秘工作者提升工作能力。

第二部分为第 3 ～ 4 章，主要从行政管理工作出发，介绍行政管理的工作要点，包括企业会议管理、日常接待管理、日常事务管理、印章和证照管理、保密管理及日常突发事件管理等内容，目的是帮助行政工作者轻松解决日常管理事务，提升工作效率。

第三部分为第 5 ～ 8 章，主要介绍人力资源管理的工作要点和实操方法，包括人力资源规划、员工招聘、员工培训、绩效考核管理、薪酬管理及劳动关系管理等内容，目的是帮助人力资源工作者处理好企业的人事工作，确保企业稳定发展。

本书不仅在文中添加了实用范本和实操范例，帮助读者理解使用，还在每章最后添加了【工作梳理与指导】板块，该板块由四部分组成，分别是"流程梳理""按图索骥""答疑解惑"和"实用模板"，在帮助读者加深对本章内容理解的同时，还能从实战的角度为读者解决一些实际工作中可能会遇到的问题。

书中涉及的实用范本与模板电脑端下载地址及移动二维码：

http://www.m.crphdm.com/2023/1110/14658.shtml

由于作者经验有限，书中难免会有疏漏和不足之处，恳请专家和读者不吝赐教。

目录

第 1 章　做好文书管理，规范文秘工作

第 2 章　完善档案管理，保证商业安全

第 3 章　做好会议与接待，确保有序工作

【工作梳理与指导】

第4章　做好行政管理，确保日常事务有序

第5章 做好人力资源规划，运筹于帷幄之中

第6章 高效的招聘与培训，为企业输送人才

第 7 章　制定科学的绩效考核与薪酬体系

第8章　完善劳动关系，保障人企双方权益

第1章

做好文书管理，规范文秘工作

对于文秘工作者而言，经常帮助相关领导或是因自身工作需要拟写文书，因此掌握文书的规范拟写方法尤为重要。此外文件的收发也是需要处理的工作，这就要求做好文书与文件管理工作。

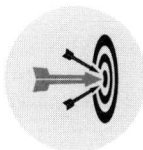

1.1　文书写作的基础全掌握

文书是机关、团体、企事业单位及个人在社会活动中，为了某种需要，按照一定的体式和要求形成的书面文字材料。也就是说，一切书面文字材料都可以称为文书。

企业中的行政、文秘工作者，必须懂得文书制度和运作程序，担负公文撰写。制订工作职务的人员和负责处理公文的企业领导人，还要熟练掌握文书写作的要求、技巧和方法。

1.1.1　文书写作的要求

文书写作需要遵循写作的逻辑，文秘工作者需要掌握一些写作要求，如文书受众决定写作格式、文书用途决定陈述要点、平行结构的衔接语安排、递进结构的总述词安排，这样才能够写好文书。

（1）文书受众决定写作格式

文秘工作者在起草文书时需要考虑文书的受众，从而确定文书的发文方向。从文书的受众来看，文书可以分为上行文、平行文和下行文，具体介绍见表1-1。

表 1-1　不同受众的文书类型

行文方向	具体介绍
上行文	上行文主要是指企业中的下级部门或员工向上级单位呈送的文书，主要包括请示、报告、申请等
平行文	平行文主要是指企业中同一层级的员工、部门、跨部门或是企业外部团体或个人之间呈送的文书，主要包括函等
下行文	下行文主要是指企业中的上级部门或员工对下级部门发送的文书，主要包括决定、通报、通知、批复、意见等

这就要求文秘工作者在写作时，明确文书的受众，避免出现错误行文造成不必要的问题。

实操范例 错误使用行文方式导致不良问题

张某是一家企业的文秘人员，在实际工作中发现了一些情况，需要向上级领导进行说明，用上行文的方式向领导报告。然而，张某不注意将本属于"请示"的上行文用下行文的"意见"写好发给了上级领导。

领导收到后，对其进行批复"请注意受众！"。

不同的受众需要不同的写作格式，秘书在日常工作中可以多积累一些不同类型的格式模板。

（2）文书用途决定陈述要点

每一份文书都有其作用，这是文秘工作者编写文书的目的，也是指导陈述要点的依据。

如果文秘工作者因为工作中存在的问题要向上级进行请示，则应当通过"请示"的上行文进行文书写作。在写作过程中，应当重点描述需要请示的内容，而不是写一些无关内容。

（3）平行结构的衔接语安排

在文书写作的过程中，平行结构的写作方法是比较常用的，这种结构和写作方法有利于使整个文书结构清晰。

但是，采用平行结构的方法行文需要注意各部分之间的衔接，恰当的衔接能够使行文流畅。平行结构常用的衔接方式是通过小标题，即在行文过程中对重点内容通过小标题进行引领。

实用范本 近期工作总结

我这一段时间来的工作,是比较忙碌并充实的。在领导的指导、关心下,在同事们的帮助和配合下,工作取得了一定进步,为了总结经验、吸取教训,更好地前行,现将我这一段时间的工作总结如下:

一、端正态度,热爱本职工作

…………

二、培养团队意识,端正合作态度

…………

三、工作内容

…………

四、存在不足

1. 强化自制力……

2. 加强沟通……

3. 加强自身学习,提高自身素质……

（4）递进结构的总述词安排

递进结构与前面介绍的平行结构差别较大。递进结构通常是在行文中从某一个问题入手,从不同的角度、方面进行深入分析与解读,从而发现深层次的问题。

递进式行文要注意结尾总述词的安排,合理的总述词能够提升主题表达的效果,保证行文的完整性。

实用范本 财务部为降低成本过度节流的报告

尊敬的领导:

在全面贯彻"节约生产成本"生产理念的成果中,财务部门存在曲解理念的情况。现在财务部只会狠狠抓住"节约成本"的要求而对各部门的开支进行控制,这种做法对公司的生产经营贻害无穷。

一、技术部研发经费缺乏

⋯⋯⋯⋯

二、经费不足（尤其技术滞后）影响设备部工作

⋯⋯⋯⋯

三、经费不足（尤其技术设备落后）严重抑制生产部效率

⋯⋯⋯⋯

四、产量和质量问题影响销售部业绩

⋯⋯⋯⋯

综上所述，财务部的过度节流导致公司生产经营活动受到影响，效益欠佳。其实这恰恰浪费了宝贵的时间成本和机会成本。所以请示领导及时对财务部工作做出调整。

1.1.2 文书的基本格式是什么

文书在企业中使用场景较多，因此文秘工作者应当掌握文书的基本格式，避免因为文书格式不规范导致相关活动无法正常开展。

通常情况下，企业文书应当包括标题、正文和落款，需要注意，在其他一些情况下文书还可能包括称呼等内容，具体介绍见表1-2。

表1-2　文书格式中各部分的内容

文书格式	具体介绍
标　题	标题的作用是表明一个文书的主题和文书类型，通常在文书的第一行居中显示，例如，关于年度产品销售业绩的汇总报告、××年度工作总结
正　文	正文则是文书的主要内容，用来对主要的内容进行详细描述，方便文书接收者了解
落　款	落款通常包括两个部分，分别是文书发送者名称和发文时间，分为两行在正文右下角注明，年月日的填写必须要完成
主送机关	主送机关也就是文书的接收人员，在实际编写过程中应当顶格，例如"尊敬的总经理："等

这里只是整体介绍企业文书的基本格式，具体各类文书的格式将在本章 1.2 节中分别进行介绍。

1.1.3 规范文书的表达方式

文书包含的内容多种多样，对于企业信息传递和规范管理有着重要的意义。此外，文书涉及企业中的各个层级，要想相关人员能够看懂文书的内容，文书在语言表达方面就需要引起重视。

受文体特点和写作目的的制约，企业文书的表达方式主要是说明、叙述和议论。

（1）说明

说明就是用简单、准确的文字对客观事物或事理的状态、性质、特点、功能、成因、关系及功用等属性，加以客观的解释和介绍的表达方式。

以说明的方式来介绍背景材料和环境，可以为后文做好铺垫。总结、简报、调查报告、工作报告对某些基本情况的介绍；表彰、处分决定或通报对有关人员或单位的介绍等，常用说明这种表达方式；条例、规定、制度、公约等法规，介绍信、证明信等专用书信，以及启事、经济合同、广告等，也常用说明的表达方式。

用说明方式来介绍背景、交代情况，可以为议论提供必要的依据。下面具体介绍应用文书常用的说明方法，见表 1-3。

表 1-3 应用文书常用的说明方法

说明方法	具体介绍
比较说明	利用相同事物、事理之间的异同，或不同事物、事理之间的异同来突出说明被说明对象的方法。例如，相较于之前的制度，现在的制度有一定的完善，主要表现在 ××××

续上表

说明方法	具体介绍
举例说明	列举具体的例子以说明事物特征的方法。通常包括典型举例和列举性举例两种，典型举例能使被说明的事物更为具体、清楚；列举性举例使被说明事物的范围更清楚
数字说明	用数据来说明事物、事理的方法。例如，上一年度企业的销售额增长率达到了21.5%，销售量增长了5%，员工收益较之前年度提升了7%
定义说明	简要说明事物的概念或本质属性的方法，即讲明事物、事理"是什么"。例如，绩效考核指企业在既定的战略目标下，运用特定的标准和指标，对员工的工作行为及取得的工作业绩进行评估，并运用评估的结果对员工将来的工作行为和工作业绩产生正面引导的过程和方法
引用说明	引用一些有关的论述、文件资料来说明事物或问题的性状、特点、本质和规律的方法

（2）叙述

叙述是指有次序地叙说、介绍人物的经历、言行或事物发展变化过程的表达方式。完整的叙述包括时间、地点、人物、事件、原因和结果六要素。

叙述可以作为以叙说情况为主的情况报告、表彰或处分通报、市场调查报告等文种的主要表达方式。交代背景、介绍文章涉及的人、单位或事件的基本概况、事物发展变化过程及相互关系，都离不开叙述。

叙述的方法包括顺叙、倒叙和插叙，具体介绍见表1-4。

表1-4　叙述的方法

方　法	具体介绍
顺　叙	顺叙是根据人物经历或事件发生、发展的自然时序进行的叙述
倒　叙	倒叙是把事件的结局或事件中最突出的片段提到前面来叙述，然后再以顺叙的方式进行的叙述

续上表

方　法	具体介绍
插　叙	插叙是在叙述主要事件的过程中，因为需要，暂时中断叙述主线，插入与中心事件有关的内容的叙述

知识扩展 文书对叙述的要求

　　文书对叙述的要求是，只注重对事件的整体勾画，不要求细节的具体、内容的详尽。只叙述与表达主旨、说明问题有直接关联的部分，或者只是综合地、概括地叙述若干人或事的共同点。

（3）议论

　　议论是指对某件事情或某个问题进行分析、推理或评论，表明自己的立场、观点和意见的一种表达方式，也就是讲道理的方式。应用文书对人或事作出自己的评价、判断，阐明处理某些公务活动或社会事务的立场观点、政策原则及决策主张，都离不开议论。

　　下面具体来看文书中常用的论证方法，见表1-5。

表1-5　文书中常用的论证方法

方　法	具体介绍
例证法	例证法就是用事例或统计数据作论据，举例直接证明论点的议论方法
对比法	对比法就是将性质相反或有差异的两种或几种事物做比较，做出论断，证明论点的论证方法。有比较才有鉴别，这种方法可使论点更加鲜明突出，更有说服力
引证法	引证法就是引用党和政府的文件、经典作家的言论、科学的定义、公理、名人名言、格言或谚语来证明论点的论证方法
因果法	因果法就是分析事物的前因后果，并以此证明论点的方法。可由因及果，也可由果溯因

通常在文书写作中不会单独使用某一种方法，可能会多种方法混合使用，文秘工作者应根据实际需要选择合适的方法。

1.2 熟悉常见公文的拟写规范

通过上一节的内容介绍，相信读者已经对文书写作的基础知识有了一定了解。本节主要介绍文秘工作者应当掌握的企业文书的拟写规范，涉及企业的方方面面，包括规则类、决策类、个人事务类等。

1.2.1 规则类文书拟写

规则类文书主要涉及企业内部的各项规章制度，是企业正常运营和开展管理工作必不可少的。下面具体介绍企业规则类文书的拟写规范和相关要求。

（1）制度类文书拟写规范

对于文秘工作者而言，日常工作中不仅需要拟写各种文书，有时还需要协助相关领导或负责人拟写起草制度类文书。这就要求文秘工作者应当具备拟写制度类文书的相关知识。

下面具体来看制度类文书拟写的规范要求。

①标题：制度类文书的标题格式通常为"发文单位 + 主题 + 文种"。

②正文：制度类文书的正文通常有两种格式，一种是章条式，即将正文内容分为若干章节，在章节下又进行分条展示；另一种是条款式，即正文直接列条款，不分章节。

③落款：落款主要包括发文单位和发文时间两部分内容。

实用范本 办公室卫生管理制度

一、明确职责划分

院内各办公房间及其对应的走廊、地面和窗户的卫生由各使用单位负责清扫擦拭；领导办公室及大厅公共卫生及室外环境卫生由专人负责。

二、认真及时清扫

室内卫生清扫包括以下事项：

1. 室内办公物品摆放整齐、有序，桌面及文卷柜上无杂物，室内无与办公无关的物品。

……………

三、检查与考核

1. 办公楼卫生管理实行定期检查，列入目标考核资料。考核由纪检组长牵头，办公室组织实施，相关科、所参加检查、评分。

……………

××科技有限公司

20××年××月××日

以上范本中正文的格式为章条式，首先将制度内容分为三个章节，然后在章节下方分条进行介绍。

（2）管理办法类文书拟写规范

管理办法类文书是文秘工作者可能涉及的文书之一，通常也是协助相关领导进行草拟。

管理办法类文书通常是由标题和正文构成。其中，标题的结构为"发文单位 + 关于 + 主题 + 管理办法"；正文部分一般包括目的、适用范围、管理办法等，具体结构根据实际需求进行调整。

实用范本 考勤管理办法

一、目的

为规范公司考勤管理，严肃工作纪律，提高工作效率，保持良好的工作秩序……特制定本办法。

二、适用范围

本办法适用于××公司全体在岗员工。

三、管理办法

公司执行《国务院关于职工工作时间的规定》，每日工作8小时，每周工作40小时。

…………

四、附则

本办法由分公司综合行政部负责解释。

知识扩展 **办法类文书的其他格式**

文秘工作者需要注意的是，管理办法类文书格式分为封面格式和正文格式。

文件正文格式有页眉和正文两个要素。其中页眉由编码、标题和主送机关构成，页眉内容的字体字号要求根据实际工作需要进行设置。

（3）工作细则类文书拟写规范

工作细则类文书的结构主要包括标题、正文和落款三个部分，各部分的拟写规范如下所示。

①标题：细则类文书的标题格式通常为"发文单位＋主题＋文种"。

②正文：细则类文书的正文通常包括三部分内容，分别是细则的依据、内容和实施说明。

③落款：落款主要包括发文单位和发文时间两部分内容。

下面来看具体的工作细则文书。

实用范本 **员工管理细则**

一、为进一步提高员工综合素质，培养员工敬业爱岗，忠于企业，引导员工树立高尚的职业道德……根据《中华人民共和国劳动法》《中华人民共和国劳动合同法》《公司劳动人事管理暂行办法》等有关规定，并结合公司实际，制定本细则，请各单位严格遵照执行。

二、迟到、旷工和早退认定标准。

…………

三、员工请假制度。

…………

四、违反考勤制度处理细则。

…………

五、本细则经董事会常委会审核通过、总经理核定后实施。

××水泥有限公司

20××年××月××日

1.2.2　决策类文书拟写

决策类文书的内容比较广泛，涉及种类较多，主要包括公函类文书、通报类文书、意见类文书及指示类文书等。下面分别介绍各种类别文书的拟写方法和要点内容。

（1）公函类文书拟写规范

公函类文书是商洽性公文，又称询答性公文。常用于平行或不相隶属机关之间，作询问、答复、商洽、联系以至请求批准之用，虽不具呈报与指示作用，却是郑重的公务。

下面具体来看公函类文书拟写的规范要求。

①标题：写发函机关，涉及事项，文种要写明是函还是复函。

②主送机关：受函机关或领导人。

③正文："发函"大体是开头提出问题，说明是什么事或针对、根

据什么主体表示要求商洽什么、告知什么或请求什么，即要对方做什么；结尾，要求何时答复及得体的礼貌用语，如"请大力协助为盼""望准予×××""望能同意""请即函复"等。

④落款：落款为发函机关和发函时间。

下面来看具体的公函类文书。

实用范本 公司新品发布会邀请函

尊敬的××公司行政总经理：

我公司决定于2023年××月××日在公司活动中心举办2024年公司新品发布盛典，该盛典活动由我公司策划主办，主要包括新产品发布、开放式座谈和品尝美食等活动内容。

为了加强我们公司的经验交流，互相促进我们公司的发展，现在诚挚地邀请贵公司来参加我公司的盛典活动。如蒙同意，请将贵公司同意参加年会的人员名字发送到我公司后勤部，如有问题请尽快提出，我们将尽全力解决。

望复函！

××公司

2023年××月××日

（2）通报类文书拟写规范

通报是上级把有关的人和事告知下级的一种文书。其作用十分广泛，主要包括交流经验、吸取教训、教育干部或职工群众、传达重要情况以及需要各单位知道的事项。

通报需要注意内容的真实性、目的的晓谕性和教育性，这类文书较为正式，因此需要注意其格式规范。通报类文书的格式同样是由标题、正文和落款三部分构成的，具体介绍如下。

①标题：通报类文书的标题格式通常为"发文单位＋主题＋文种"。

②正文：开头第一行需要顶格写明通报对象，然后换行正文部分写明事实、分析处理，结尾处进行号召。

③落款：落款主要包括发文单位和发文时间两部分内容。

下面来看具体的通报文书。

实用范本 ××有限公司上班迟到通报批评

公司全体员工：

公司品质管理部××近半年来多次出现迟到现象，经总经办劝诫后仍无改进。该员工的行为在公司管理层与基层员工中造成严重的负面影响。根据"员工奖惩制度"，该员工违反考勤制度，屡教不改，给予记大过处分，给予通报批评并经济处罚 300.00 元。

各管理处、服务中心及职能部门员工应引以为戒，端正工作态度，严格遵守公司的管理规定。

特此通报！

××有限公司总经办

20××年××月××日

知识扩展 其他命名方式文书

在实务中，有的公司为了规范文书的格式，方便进行存档保管，会通过编号的形式设置通报的标题。其格式为"××公司＋编号＋文体"，例如，××有限公司〔2023〕013 号通报批评，这就表示这份通报为 2023 年的第 13 份通报。

此外，通告类文书的拟写方式与通报相似，将结尾处的"特此通报"改为"特此通告"即可，这里不再重复介绍。

（3）决议类文书拟写格式

决议是经过会议讨论通过，对某些重大事项、重大问题做出决策，并要求贯彻执行的文书。决议由标题、通过日期和正文三部分组成。

标题由发文机关（或会议名称）、事由和文种构成；决议的成文时间即决议正式通过的日期。一般写在标题下，在小括号内注明会议名称及通过时间，也可只写年月日；决议的正文由决议根据、决议事项和结语三部分组成。

实用范本 关于暂停试运行考核制度的决议

（20××年××月××日企业高层管理会议通过）

经企业各级员工反映和企业高层研究，现决定：暂停当前试运行的考核制度，并进行修改。因为该制度存在较多不合理之处，有失公平。希望各级员工能够再接再厉，为企业多多献策。

决定类文书与决议类文书相似，只是在结尾处需要添加决定执行时间，例如，本决定即日起施行。

（4）意见类文书拟写规范

意见多代表的是个人主观意念上对客观事件或人物的见解，带有较为强烈的主观意愿和色彩。

意见标题格式为"发文机关＋主要内容＋文种"；需要转发的意见，没有主送机关这一项，但转发该意见的通知，要把主送机关写清楚，直接发布的意见，要有主送机关；正文要写明发文缘由、主题条文和执行要求，落款包括发文机关和时间。

实用范本 ××有限公司关于考勤制度改革的意见

董事会委员、总经理：

为了更好地完善公司考勤制度，进行改革工作，按照……现提出以下建议：

1.……

2.……

以上意见如无不妥，请批准执行。

××有限公司总经办

20××年××月××日

（5）公告类文书拟写规范

公告是向企业全体人员进行信息告知的文书，公告分标题、正文和落款三部分。其中，标题由"发文机关＋事项＋文种"组成，也可以"公告"为标题；正文一般包括因由、事项和结语，结语一般用"现予公告""特此公告"等用语；落款写出发布机关和时间，如果机关名称已在标题中出现，在落款处也可不写。

实用范本 ××企业关于开展员工培训公告

为了提升企业员工的业务能力和知识储备，企业决定本周三至周五开展技术岗位员工培训，参训人员名单如下：

王××、张×、……

培训活动注意事项：

1. 所有员工应当按时……

…………

特此公告。

20××年××月××日

（6）批复类文书拟写规范

批复是一种下行文，是企业领导答复下级某一请示时使用的文书。标题由"发文机关＋事由＋文种"组成；主送机关一般是报送请示的下级；正文开头一般注明批复的依据、批复的态度及具体原因，结语一般用"特此批复"；落款写出发布机关和时间。

实用范本 关于调整公司薪酬制度建议的批复

人力资源部：

你部提交的"公司薪酬制度调整建议"已收悉。经公司董事会和相关人员讨论，现批复如下：

1.……

…………

特此批复。

××有限公司总经办

20××年××月××日

1.2.3 个人事务类文书拟写

个人事务类文书主要是指以个人名义发布的文书，这也是文秘工作者需要协助相关领导完成的。个人事务类文书主要包括书信类文书、嘉奖类文书、申请书类文书及欢迎词类文书等。

（1）书信类文书拟写规范

书信是人们日常生活中接触较多的一类文书，下面具体来看其拟写标准。

①称呼：顶格，有的还可以加上一定的限定、修饰词。

②问候语：如写"你好""近来身体是否安康"等。独立成段，不可直接接下文。

③正文：这是信的主体，可以分为若干段来书写。

④祝颂语：以最一般的"此致敬礼"为例。在正文之下，另起一行空两格书写"此致"。"敬礼！"写在"此致"的下一行，顶格书写。

⑤署名和日期：名字写在祝颂语下方空一至两行的右侧。

实用范本 致 ×× 公司王总的感谢信

尊敬的王总：

你好！

过去的一年里，您为我们公司提供了较大的帮助，使公司能够顺利完成年度经营任务，取得不错的业绩。

公司上一年度……这一切都离不开您的大力支持。在此表示我和公司全体人员对您的感谢。

此致

敬礼！

×× 有限公司李 ×

20×× 年 ×× 月 ×× 日

实用范本 介绍信

尊敬的黄经理：

兹介绍我公司张 ×、蒋 ×、周 × 等同志，前往你处联系工作，届时请予接洽为荷！

此致

敬礼！

×× 有限公司赵 ×

20×× 年 ×× 月 ×× 日

（2）嘉奖类文书拟写规范

当一个员工的成绩优异，表现突出，就会受到表扬，这就涉及嘉奖类文书。嘉奖类文书的标题可直接为"嘉奖"；称呼主要是受嘉奖的人；正文部分写明受嘉奖的原因和奖励内容；结尾部分进行呼吁；落款为提出嘉奖的单位和嘉奖时间。

实用范本 嘉奖

赵××：

　　鉴于你在工作中认真负责、待人诚恳，为公司做出了突出贡献，公司现决定授予你"优秀员工"称号，并进行通报表扬。此外发放……奖品。

　　希望你在今后的工作中，再接再厉，取得更大的进步，为其他员工做好表率。

××有限公司

20××年××月××日

　　此外，批评类文书与嘉奖类文书的格式相似，内容相反。批评类文书，通常没有称呼，直接在正文中交代员工的不良行为、违反的标准及处罚决定，最后呼吁其他员工引以为戒。

（3）申请书类文书拟写规范

　　申请书是个人、单位或集体向组织、领导提出请求，要求批准或帮助解决问题的专用文书。申请书类文书的标题可直接为"申请书"，也可以是"主题＋申请书"；称谓顶格写明接受申请报告的单位、组织或有关领导；正文部分首先提出要求，其次说明理由；结尾部分写明惯用语"特此申请""恳请领导帮助解决"或"希望领导研究批准"等；落款为申请者的姓名和申请时间。

实用范本 住宿申请书

尊敬的领导：

　　由于本人居住地距离公司较远，通勤实在是多有不便，希望领导能够理解。经过再三权衡，本人申请住宿，缘由如下：

　　…………

　　特此申请。

申请人：张×

20××年××月××日

（4）欢迎词类文书拟写规范

欢迎词是指客人光临时，为表示热烈的欢迎，在座谈会、宴会及酒会等场合发表的热情友好的讲话。欢迎词一般由标题、称呼、正文和落款四部分组成。

欢迎词的正文部分，通常开头表示欢迎，中间部分表示当前聚会的意义，结尾表示对未来的祝愿。

实用范本 周年庆欢迎词

女士们、先生们：

值此 ×× 公司 10 周年庆典之际，请允许我代表 ×× 公司，向远道而来的贵宾们表示热烈的欢迎。

朋友们不顾路途遥远专程前来……

相信未来我们……

为我们之间日益增进的友谊，为朋友们的健康幸福，干杯！

×× 有限公司

20×× 年 ×× 月 ×× 日

（5）开幕词类文书拟写规范

开幕词是在大型会议或者重要会议上，有关领导人揭开会议帷幕，向会议所作的带有提示性、方向性和指导性的讲话或演说文稿。

开幕词通常由标题和正文两大部分组成。开幕词的标题结构一般为"活动名称 + 开幕词"，标题下面注明开会时间，外用圆括号括入，再下面是宣读人的姓名。正文首先是称谓，然后开头宣布开幕，主体部分先回顾，再提出主体内容，最后表达期望，并预祝活动成功。

实用范本 人力资源部二季度会议开幕词

（20××年××月××日）

刘 ××

人力资源部各位同事：

大家下午好！

我在此首先代表……欢迎各位参加会议，我宣布此次会议正式开始。

首先，回顾一下上一季度人力资源部门的工作情况：

…………

其次，根据工作中存在的问题，确定会议议题和议程：

…………

接着，确定会后各员工的工作任务和执行要点，希望：

…………

最后，希望本次会议能够取得圆满成功。

1.3　做好文件的收发，确保通信顺畅

在企业的日常经营中会收到、发出文件，这些文件可能涉及企业的经营数据或商业机密，对企业的运营发展有着非常重要的价值。因此行政文秘工作者需要重视企业文件的管理，确保企业信息的安全。

1.3.1　文书的分类与登记

文件收发岗位工作人员在收到文件时，需要检查文书的质量问题，确认无误后对其进行分类和登记，方便进行分发。

文件收发人员要先将急件和机密要件拣出，登记在保密文件登记表（见表1-6）中，尽快递交给收件人。对于一般的信件和报刊，也要随到随拣，

按部门或收件人将信件分别存放在固定的柜格里，通知收件人前来拿取。

实用范本 保密文件登记表

表1-6　保密文件登记表

编号：

收件日期	收件人	收件编号	保密级别	文件名称

　制表人：　　　　　　　　　　　　　　审核人：

完成文件的分类和分拣后，文件收发人员还需要对其中重要信件进行登记，防止出现重要信件遗失。在进行文件分类登记的过程中需要注意以下内容。

◆　明确登记范围

收发人员应当了解，凡是办理了签收手续的文件都应进行登记，包括公司挂号邮件、包裹单、汇款单和机要信件等。有的文件虽未进行签收，但也须登记。

◆　选择登记方法

企业的规模大小不同，分设的部门及信件数量也不同。规模大的企业，收到的信件较多，下设部门也较多，可以按信件的去向分设收件登记簿，即每个部门分别用一本收件登记簿。

规模较小的企业可以采用综合性的收件登记簿，即只用一本收件登记簿按收件部门的顺序进行登记，将每个部门的信件登记在一起，以便进行批量转交。

◆ 确定登记项目

登记的项目一般包括收到时间（急件应注明具体时、分）、登记人姓名、发件单位、收件单位、封皮编号、文件号、件数、附件、办理情况、收件人签名及备注等。登记时要逐行填写，字迹清晰、工整，同时易于辨认。

1.3.2 如何做好文件的分发

企业收到的各种文件，收发人员登记后应当及时分发给各个部门，不得出现延误或遗漏。在文件分发的过程中需要注意以下要求，见表1-7。

表1-7 分发文件的要求

要 求	具体介绍
及 时	收发人员对于领导已经批办或可按常规处理的文件，必须及时处理，急事要立刻处理
分清主次	分发同类份数较多的文件时，要先保证单位领导、主管及主管部门的需求，然后再分发给相关部门 如果遇到特急件，可先将其送至业务主管部门，业务主管部门提出意见后再请示领导，或一边处理一边汇报
做好标注	对于应承办的文件，应附批办单并加盖"已处理"章；对于不需要登记的文件，需要注明领导或部门名称，防止放乱
登记管理	分发给领导的文件必须要设置专门的文件登记簿，并注明时间、名称与编号等；分发给各部门的文件，可在部门登记簿上注明相关信息
分发登记	分发人员要将分发的文件登记到文件分发登记表上，方便日后进行复查

与文件的接收类似，文件的分发同样需要进行登记。登记接收文件的部门、份数、签收人及签收日期等信息，保证在出现问题时有案可查，还可以有效避免出现重复发文或漏发文件的现象。表1-8所示为文件分发登记表模板。

实用范本 文件分发登记表

表 1-8　文件分发登记表

编号：

签收人				文件编号	
分发人				发放日期	
序号	收文部门	份数	签收人	签收日期	备注

制表人：　　　　　　　　　　　　　　　　审核人：

1.3.3　文件的寄发管理

文件收发人员不仅需要负责文件的收发工作，还需要负责将企业内部需要寄发的文件按时寄发。这其中会涉及企业的机密信息，一旦出现纰漏，将给企业造成难以估量的损失。

因此，在寄发文件之前，收发人员首先需要汇集所有的待发文件，仔细填好文件发送登记表。除此之外，文件收发人员需要在一定时间内将待发文件发送出去，避免因为发送迟误影响相关工作的开展。

另外，收发人员在寄发文件时，要注意以下事项。

①对于普通文件，在各部门和相关人员封好之后，直接送交文秘人员统一寄发。

②对于机密或亲启文件，文件收发人员需要加盖"绝密""机密"或"亲启"等字样的印章，并给发件部门或发件者必要的回复。

③对于其他重要文件或快递文件，文件收发人员必须加盖带有"专递"

"面呈"或"快递"等字样的印章，寄发后给发件者必要的回复。

如果出现文件遗漏、寄发错误或寄发混乱等，都会给企业工作造成影响。这就要求收发人员在寄发文件时填写文件寄发登记表（见表1-9），确保无误。

实用范本 文件寄发登记表

表1-9 文件寄发登记表

年　　月　　日

件别	收件部门	接收人	寄件部门	件数	备注（承办人）

制表人：　　　　　　　　　　　　　　　　审核人：

1.3.4 文件的归档立卷管理

文件的归档立卷是指文书部门将办理完毕的，具有考查和保存价值的文件材料。按照它们在形成过程中的联系和规律，组成案卷进行保存。

◆ 文件的整理

归档立卷之前首先需要收集、整理需要的所有文件。文件整理工作内容主要包括分类、组卷、卷内文件的整理、案卷封面的编目、案卷的装订、案卷的排列和案卷的编制等。

◆ 文件归档

文件归档是指将企业文件分类保存，行政管理人员需要做好督促和监督工作。进行归档操作时需要注意以下两点。

① 严禁私自占有资料。企业文件不是私人的资料，而是属于企业的共有资料，行政人员应组织妥善保管，严禁私自占有。

② 定期销毁。对于已经保存了许多年的无用文档资料，行政管理人员应组织销毁，以维持整洁的工作环境。

◆ 文件立卷

文件立卷是指按照一定的立卷原则或类目编制案卷的过程，在此过程中需要注意如下内容。

① 编制案卷类目。案卷类目对立卷工作的完成是十分重要的，它可以保证文件的完整性，便于工作人员查找并利用文件。

② 确定立卷归档的范围。企业每年都要处理大量的文件和材料，但不能将所有的文件、材料都立卷。立卷时应以本单位形成的文件、材料为主。

在进行立卷工作时需要掌握表 1-10 所示的方法，能够提高工作效率。

表 1-10 立卷的方法

方　　法	具体介绍
按文件名称立卷	是指将统一名称的文件、材料组成案卷，如总结、报告、批复、简报及通知。一般情况下，此种方式与按作者特征立卷相结合使用
按时间特性立卷	指按文件形成的时间或文件内容所针对的时间立卷，例如年度预算、季度计划、统计报表及期刊等
按作者特征立卷	"作者"是指发件的个人或者部门，将统一个人或部门的文件组成案卷就是按作者特征立卷
按主题特征立卷	指将主题性质相同的文件组成案卷，主题可以概括也可以具体。例如，按企业一年中不同的业务性质进行分类

完成立卷工作后还需要进行文件立卷调查和调整，使案卷更加规范。

◆ 复查案卷文件，确定保管期限

根据规定的立卷原则、规范与要求对卷内文件进行复查。删除不需要归档立卷的文件，修改不规范的内容，确定文件的保管期限。

◆ 对卷内文件进行排序

卷内文件可以按照时间、主题、地区及作者等进行排列。其他的顺序还包括正文在前，附件在后；定稿在前，讨论修改稿在后等。

◆ 卷内文件编号

被列为永久保存或长期保管的案卷，行政人员都必须对其进行编号，编号时的注意事项如下所示。

①行政人员要依次为文件的每一张编号，而不是每一页，空白页不编号。

②卷内的小册子要与其他文件合在一起编号。

③左侧装订的在右上角编张号，右侧装订的在左上角编张号。

◆ 填写卷内目录和备考表

行政人员复查调整案卷后，在装订前应及时填写卷内目录。如果几份文件的内容均是针对某一个具体问题的，也可以合起来填写。卷内目录一般可填写两份，一份附在卷首，不编编号，另一份留以备查。

◆ 装订案卷

完成前面几步操作后就可以对案卷继续装订了，有些事项需要注意。

①修整文件，去掉文件上的所有金属物。

②对于不装订的案卷，不装订的一侧和下边要取齐，让案卷更美观。

③装订一侧的装订线外要留有一定余地，以免翻页时掉页。

④一般横排横写的文件在左侧装订；竖排竖写的文件在右侧装订。

◆ 填写案卷封面

行政人员应工整地填写案卷封面，填写的项目包括单位名称、案卷标题、卷内文件起止日期、卷内文件张数及保管期限。

工作梳理与指导

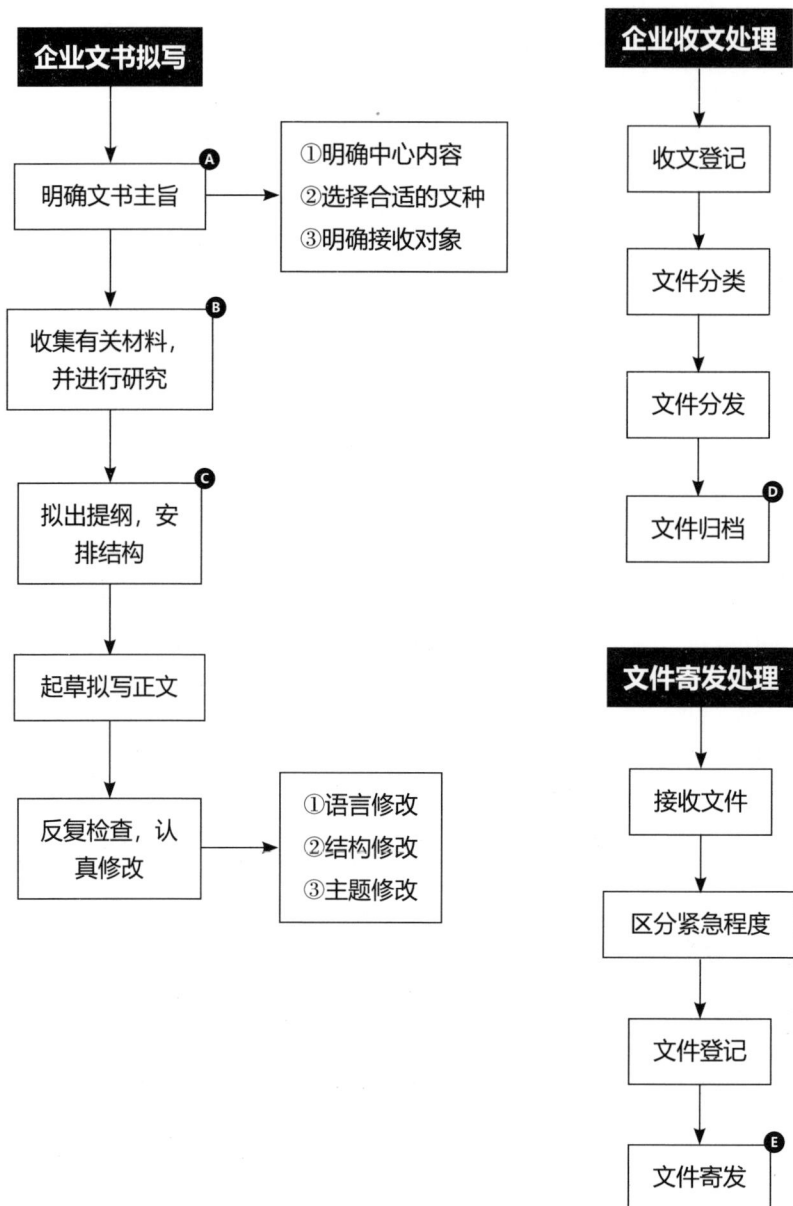

企业文书拟写

明确文书主旨 **A** → ①明确中心内容 ②选择合适的文种 ③明确接收对象

↓

收集有关材料，并进行研究 **B**

↓

拟出提纲，安排结构 **C**

↓

起草拟写正文

↓

反复检查，认真修改 → ①语言修改 ②结构修改 ③主题修改

企业收文处理

收文登记

↓

文件分类

↓

文件分发

↓

文件归档 **D**

文件寄发处理

接收文件

↓

区分紧急程度

↓

文件登记

↓

文件寄发 **E**

按图索骥

A 在明确文书的主旨时，除了要明确中心内容、选择文种和明确接收对象外，还需要明确发文的具体要求。例如是向上级请示，还是希望上级审核然后分发执行，这会影响到文书的内容结构。

B 收集有关材料，并进行研究是一个酝酿的过程，是为了掌握全面的、大量的素材了解问题的各个方面，为文书的编写做准备。

C 提纲是所要拟写的文件的内容要点，把它的主要框架勾画出来，以便正式动笔之前，对全篇做到通盘安排、胸有成竹，使写作进展顺利，尽量避免半途返工。在制定目标与实施策略时，要结合企业当前新增业务或已有业务，确定新增人数或优化人员结构。拟写提纲可以根据自己的需要，选择提纲的详略。

D 企业的相关文书，只有在检查核对文书确已流转完毕且无异议后，方可送档案管理人员立卷归档。在流转使用中的文书可能不是最终的文书，因此不能够归档，未使用完毕的文书通常不能进行归档。

E 企业文件收发还可能涉及传真，收到传真应先在传真收件登记簿上记录相关资料，之后再通知收件者领取文件并签字确认。传出文件为一般信函时，要注意格式，应使用本公司专用的信函格式。传出文件为一般资料时，文件首页须采用专用的信函格式。传出文件为承接设计稿、产品广告等时，企划部美编设计人员应先确认格式，格式无误方可发出。

答疑解惑

问：我们公司文书存在不统一的情况，那么企业文书的字体有什么要求呢?

答：各企业对企业文书的字体格式要求可能不同，企业可以自行统一，下面来看国家行政机关公文格式：①公文标题用二号小标宋体字，可分一行或多行居中排布；②主送机关标题下空一行，左侧顶格用三号仿宋体字标识，回行时仍顶格；③公文正文在主送机关名称下一行，每自然段左空两字，回行顶格，字体格式为三号仿宋；④一级标题用三号黑体，二级标题用三号楷体加黑，三级和四级标题用三号仿宋；⑤公文如有附件，在正文下空一行左空两字用三号仿宋体字标识"附件"，后标全角冒号和名称。附件如有序号使用阿拉伯数字（如"附件：1.××××××"）；附件名称后不加标点符号；⑥成文时间用汉字将年月日标全；"零"写为"〇"。

问：在处理企业公文保密时，秘密等级和保密期限如何进行标识?

答：企业公文及一些涉及企业商业秘密的重要文书，通常都会涉及保密。如需标识秘密

答疑解惑

等级，用三号黑体字，顶格标识在版心右上角第一行，两字之间空一字；如需同时标识秘密等级和保密期限，用三号黑体字，顶格标识在版心右上角第一行，秘密等级和保密期限之间用星号隔开。如需标识紧急程度，用三号黑体字，顶格标识在版心右上角第一行，两字之间空一字；如需同时标识秘密等级与紧急程度，秘密等级顶格标识在版心右上角第二行，紧急程度顶格标识在版心右上角第二行。

问：这次做的计划书是带附件，这个附件应该如何规范编排呢？

答：计划书的附件是指附属于正文的文字材料，它也是某些办公室文档的重要组成部分。附件不是每份文档都有，它是根据需要一般作为正文的补充说明或参考材料的。文档如有附件，应当在正文之后、发文机关之前，注明附件的名称和件数，不可只写"附件如文"或者只写"附件 × 件"。文档的附件置于主件之后，另起一页开始排印，与主件装订在一起。公文如有附件，要在正文最后一行后空一行的左侧空两个字，用三号仿宋体字排印"附件"两字后标全角冒号和附件名称。如有两个以上附件，用阿拉伯数字依次标注序号。附件名称长需要回行时，应当与附件名称的文字对齐序号，后面用小圆点。

实用模板

表扬通报	公司文件管理制度	部门例会会议简报
公告	公司员工打卡考勤管理制度	财务报告
欢迎词	公司招待管理规定	催办函
住宿申请	区域分公司管理实施办法（试行）	销售计划书
信函与快件签收登记表	郑重声明	公司年度工作计划
文件销毁清单	免责声明	会议日程安排
公司票务及住宿预订管理规定	关于拟在 × × 投资设立全资子公司的议案	文件移交单

第2章

完善档案管理，保证商业安全

档案是企业的重要资产，不仅涉及企业经营数据，还可能涉及企业技术机密，对企业来说尤为重要。完善企业档案管理工作不仅有助于保障企业的安全，还有利于提升档案资料的利用率。

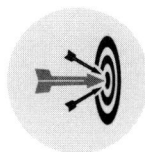

2.1 档案的建立与检索规范管理

档案的建立和高效检索是企业行政文秘工作者需要重视的工作。行政文秘工作者不仅需要掌握档案的收集、鉴定，还需要知道如何进行档案的高效检索。

2.1.1 企业档案如何分类

企业档案分类的标准多种多样，主要包括四种分类方式：根据档案性质分类、根据档案载体分类、根据记录信息分类以及根据档案所有制分类，下面分别进行介绍。

（1）根据档案性质分类

根据档案性质进行分类，主要有两种分类方法，具体见表 2-1。

表 2-1　按档案性质划分类型

分类方法	具体介绍
方法一	把档案划分为普通档案和专门档案两大类，然后再针对这两大类进行细分。普通档案又分为党务档案和政务档案等；专门档案又分为公安档案、诉讼档案、会计档案、科技档案、人事档案和社会保险档案等
方法二	直接分为文书档案、公安档案、诉讼档案、会计档案、科技档案、人事档案、审计档案及社会保险档案等

行政文秘工作者在工作中可能并不会涉及所有类别的档案，最常涉及的是人事档案和文书档案。

（2）根据档案载体分类

根据档案载体进行档案分类也是一种常见的档案分类方法，将同一类载体的档案进行归类，能够方便在后续工作中快速检索。

档案载体形式常见的有纸质档案、电子档案和光盘档案。这种分类方法适合规模小、档案少的企业，对于档案量较大的企业，这种分类方法则效果不佳。

（3）根据记录信息分类

按照记录信息方式可分为文字档案、图形档案、声像档案及电子档案，档案划分标准见表2-2。

表2-2 按记录信息方式划分档案类型

分类方法	具体介绍
文字档案	①产品文字材料：各种任务书、建议书、协议书、说明书、鉴定书、试验大纲、试验报告、分析报告、审查报告、运行报告、总结和产品图样等 ②科研文字材料：各种合同（协议书）、任务书、科研报告、调查报告、开题报告、实验报告、鉴定证书和发明申请书等 ③基建文字材料：各种建议书、任务书、计算书、开工报告、概（预决）算、检验分析材料及施工图样等 ④设备文字材料：各种申请书、说明书、技术规程、维护保养规程和设备图样等
图形档案	包括产品图样、设备图样和施工图样等
声像档案	照片、缩微胶片、电影胶片、录像片、录音磁带和唱片等
电子档案	计算机磁带、磁盘和光盘等

（4）根据档案所有制分类

在企业的实际工作中，档案常常被区分为公共档案和私有档案。

公共档案在国有企业比较常见，一般是具有社会意义故而所有权属于国家的档案。通常这类档案所记载的信息资源都是涉及社会最核心的信息，所以这类档案的掌握和控制权也都集中在政府的手里。

私有档案一般是指所有权归属于个人或者私有组织的档案，例如民营企业的档案、家族企业的档案以及个体商户的档案等。

所以，私有档案一般被分为以下两种，企业行政文秘工作者可以按此为分类依据进行档案分类。

①集体所有制单位产生和形成的档案。

②个人、家庭与家族产生和形成的档案。

2.1.2　如何进行档案的收集

档案的收集工作是一项较为复杂，且持续时间较长的工作。档案的收集和归档是档案管理工作的前提和基础。因此，必须重视并做好这项工作，这是管好用好档案的第一步。

档案的收集要遵循一定的操作原则，才能够保证收集的档案符合要求，具体介绍如图 2-1 所示。

> **坚持"宁多勿漏"原则**
>
> 档案是来源于各项活动的原始记录，它真实再现了各项活动的过程和结果。在档案材料收集过程中，我们始终围绕一个"用"字，按照文书归档范围，凡是认为有用的材料，不论其用处大小，都收集起来，然后再进行合理筛选。

> **向员工收集材料**
>
> 企业中的一些员工可能为了工作方便，会将一些文件材料据为己有。档案管理工作者应当提升档案服务能力，让员工能够放心提交资料，提升企业档案的完整性。

> **主动生成档案**
>
> 只依靠档案管理人员收集显然效率较低，行政文秘工作可以协调相关部门将一些文字、声像进行收集，整理成档案。

图 2-1　档案收集的基本原则

日常工作中，因为其他职能部门人员档案意识不强，对档案工作理解不到位，导致分不清哪些文件该归档。该归档文件未及时归档，造成企业重要文件材料丢失，失去原有的凭证价值。作为档案管理人员，可以通过以下方法，使档案收集更加全面、及时和完整。

◆ 明确档案的内容

首先要与企业各职能部门沟通，确定归档文件材料的来源和内容。制定"企业档案归档范围表"（见表2-3），明确罗列出应归档的文件材料。

不仅如此，还要定期对"企业档案归档范围表"进行补充、调整，不断完善，尽可能做到详细完整。

实用范本 企业档案归档范围表

表2-3 企业档案归档范围表

保管期限：永久（Y） 长期10年（C） 短期3年（D）

类目及代码					文件归档范围	保管期限	保存单位
档案大类	大类	一级类目		二级类目				
		名称	代码	名称	代码			
文书档案	a	行政管理类	a1	行政事务	1	1. 上级机关、领导来公司检查工作的题词、指示、讲话材料	C	行政管理部
						2. 上级机关及相关部门来公司视察的一般性材料	C	
						3. 公司工作计划、总结	Y	
						4. 公司增发的重要的管理制度、规定、办法	Y	
						5. 公司颁发的一般性制度、条例、规定及办法等	C	
						6. 公司大事记、年鉴、简介	Y	
						……		

续上表

类目及代码					文件归档范围	保管期限	保存单位
档案大类	大类	一级类目		二级类目			
		名称	代码	名称	代码			
文书档案	a	行政管理类	a1	安全保卫	2	1. 上级机关颁发的属公司应贯彻执行的有关文件	C	工会办公室
						2. 公司安全保卫工作计划、总结、报告、报表等材料	C	
						3. 对公司及职工在安全保卫工作方面的奖惩材料及统计报表	Y	
						4. 刑事案件的调查、处理和处置文件材料	Y	
						5. 人防工作及民事调解工作	C	
						……		

以上版本表格并没有完全展示"企业档案归档范围表"，而是展示了部分内容。行政文秘工作者应当根据实际情况，制作完整的"企业档案归档范围表"。

◆ 完善档案管理制度

建立企业档案管理制度，对各类档案收集时间、应归档时间进行划定，对归档文件材料的质量提出要求，以确保各部门能按照制度约定时间自主移交符合归档要求的档案。

◆ 将档案的移交工作纳入考核

把档案收集、移交的及时性和完整性，纳入公司奖惩制度或各部门绩效考核方案中。通过考核的方式，促使各部门人员主动移交应该归档的各类文件。

◆ 提升档案管理主动性

明确规定归档日期，积极主动催要。可以在归档日期前，主动发邮件给相关部门，提醒其按照档案管理制度规定时间，进行移交归档；未明确归档日期的文档，在文件形成之后，应立马催要，提醒对方移交归档。

规定的移交时间过后，可对本年度各部门移交情况（比如移交的及时性、完整性、移交数量）进行邮件通报，提出不妥和改进之处，以敦促各部门配合下一年度移交归档。

2.1.3　如何进行档案的鉴定

档案的鉴定是一项比较复杂的工作，其中包含多项工作，档案鉴定的具体工作内容如下。

①制定鉴定的原则和标准（归档与不归档的范围和档案保管期限表）。

②对有保存价值的档案划分保管期限。

③对保管期限已满，确定失去保管价值的档案进行销毁。

④围绕以上鉴定工作所开展的一系列组织工作。

下面具体介绍档案鉴定工作的要点内容。

（1）鉴定档案的价值标准

面对大量收集的档案，就需要明确各种档案的价值，从而进行区别化管理，价值越高的档案越需要重点保存。下面具体介绍鉴定档案价值的标准，见表2-4。

表2-4　档案价值的鉴定标准

鉴定标准	具体介绍
档案来源标准	企业的档案可能来自多种渠道，但是并不是所有渠道的档案都需要重点保存。企业内部的档案通常要重点保存，企业外部的来文价值就需要根据来文机关的地位、职能以及与本企业的关联情况再作具体判定

续上表

鉴定标准	具体介绍
档案内容标准	在对档案内容进行鉴定时，应当充分考虑重要性、真实性、客观性、独特性及时效性等因素，进行档案价值判断
档案形式特征标准	指档案的名称、形成时间、载体形态和记录方式等标准，分别区分档案的价值
相对价值标准	这主要是通过某一档案的完整程度进行判断，如果一类档案较多，完整度越高，则其价值越低；相反，档案越少，完整度越低，则档案的价值越高

文书档案鉴定的方法就是鉴定人员用直接鉴定的方法逐件逐张地从文书档案的内容、作者、名称和可靠程度等方面审查。

（2）了解档案鉴定的具体方法

对档案进行评估鉴定，需要考虑档案规模和范围的大小，不同的档案规模和范围大小可以分为宏观鉴定和微观鉴定。

① 宏观鉴定。宏观鉴定的鉴定对象是各个立档单位的档案，以文件之间的联系作为鉴定基础，对档案的形成者所担任的社会角色和发挥的社会职能进行分析和鉴别。并依据它曾经的业务活动的重要程度，决定各个立档单位形成档案的社会价值和整体保存方法。

② 微观鉴定。微观鉴定的鉴定对象是和宏观鉴定相对而言的，微观鉴定是针对具体的一个单位档案或者只是其中某部分、某件档案的鉴定。

（3）档案鉴定的步骤

档案鉴定工作需要遵循一定的步骤，确保鉴定工作有序开展，具体如图 2-2 所示。

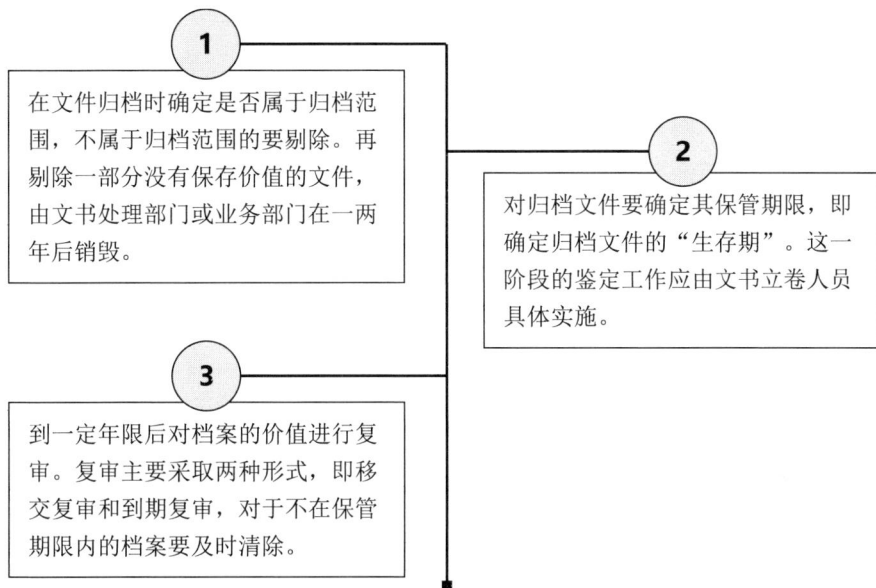

① 在文件归档时确定是否属于归档范围，不属于归档范围的要剔除。再剔除一部分没有保存价值的文件，由文书处理部门或业务部门在一两年后销毁。

② 对归档文件要确定其保管期限，即确定归档文件的"生存期"。这一阶段的鉴定工作应由文书立卷人员具体实施。

③ 到一定年限后对档案的价值进行复审。复审主要采取两种形式，即移交复审和到期复审，对于不在保管期限内的档案要及时清除。

图 2-2 档案鉴定工作的步骤

2.1.4 如何进行档案的整理与检索

档案的整理就是鉴定完档案后对档案进行分类保存，做好档案的整理工作能够方便档案检索，提升档案的利用率。

（1）档案的整理

档案的整理就是对收集来的档案分门别类组成有序体系的一项业务，是档案管理中的一项基础工作。

档案整理虽然是一项独立的工作，但是为了以后档案检索的方便，在整理时需要按照一定的流程进行。下面具体介绍整理档案的步骤，如图 2-3 所示。

1 分年度。就是要区分文件形成的年度，同一年度的文件集中在一起，不同年度的文件要分开。通常有两种分年度的方法：①一般的文件统一归入其形成的年度；②跨越年度的文件一般要归入文件内容特别针对或涉及的年度。

2 分类别。通过特定的方法按照本文件的来源、时间、内容和形式的相同点及区别，把文件分成若干类别。具体的分类方法有两种：①组织机构分类法就是将文件根据立档单位设置的组织机构部门分成若干类别的方法；②问题分类法就是根据档案文件所记录和反映的问题对档案进行分类的方法。

3 分级别。把档案材料按照上级单位、本单位、同级单位、下级单位以及不相隶属的单位进行分类整理，但是在分类的过程中，不能分离档案文件之间的有机联系。对于不同级别的单位却又联系密切的文件要采取特殊对待的方法，不能一味为了分级而忽略了文件之间的联系。

4 确定保管期限。对于机关单位文书档案的保管期限，有永久和定期两种。秘书可以根据具体的要求灵活应变。

5 修整文件。对归档的文件材料在装订之前进行检查并修正不符合要求的文件。主要包括：①破损的文件要进行修复；②如果文件的字迹很容易模糊，可以复制，对于金属物要进行防锈处理；③对于纸张过大的文件，可以折叠。

6 排序和编号。排序就是根据文件记录的事由或者文件形成的时间确定档案的先后顺序。编号指给归档的文件进行符号标示，表示该文件在全宗档案里的位置。

7 著录和编制目录。把重要的归档文件信息保存在专用的档案管理软件里。编制归档文件目录所列的各个项目要逐项认真填写，而且该目录要一式两份。

8 装盒并编制检索工具。根据保管期限和件号顺序把归档文件依次放入档案盒内，并且填写档案盒上的各项内容。编制检索工具就是写清楚归档说明和档案目录。

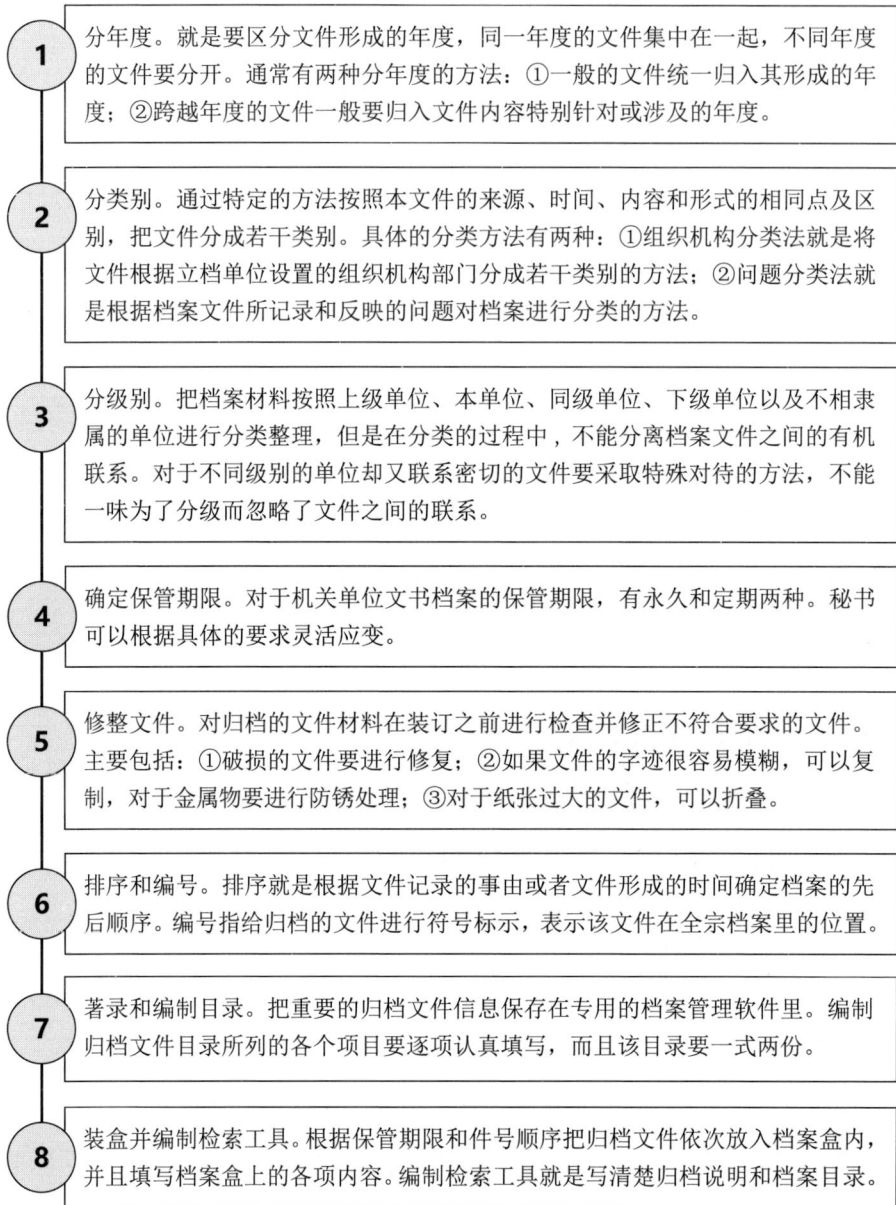

图 2-3　档案整理的步骤

（2）档案的检索方法

档案检索是指对档案信息进行系统存储和根据需要进行查找的工作，通过检索才能让档案运用于实际工作中。科学的检索方法至关重要，下面来看一个具体案例。

实操范例 错误的检索方式给企业造成损失

张某是上海某食品公司的文秘工作者，由于公司每年都有大量的食品加工和销售业务，食品种类繁多，规格又各有差异，导致产品信息数据十分繁杂。由于该公司在对这些食品信息进行归档整理的时候没有编制完善的档案目录和检索工具，且张某对于档案检索的方法了解不多，所以每次进行视频数据检索时，都会耗费大量时间，增加不必要的工作量。

年终时，老板让张某做一个食品销售统计表，把当年所有的出库量和入库量进行统计，并将所有的食品信息进行汇总。张某不仅浪费了大量时间，而且还丢掉了很多重要的信息，给公司造成严重的经济损失。

可以看出张某工作之所以出现问题，主要是因为她在工作上存在两方面的不足，一是不懂得编制有效的检索工具；二是不了解具体的档案检索方法。

要想做好档案的检索工作，需要了解各种检索工具，根据不同的分类标准，可以对检索工具进行分类，具体见表2-5。

表2-5　检索工具的分类

分类标准	具体介绍
编制方式	根据编制方式的不同，检索工具可以分为目录、索引和指南
载体形式	根据载体形式的不同，检索工具可以分为书本式、卡片式、机读式和缩微检索工具
检索范围	根据检索范围的不同，检索工具可以分为全宗范围、档案馆范围、专题范围和关键词检索工具
功能差异	根据功能差异，检索工具可以分为馆藏性、查验性和介绍性检索工具

了解了检索工具后，行政文秘工作者还应当掌握常用的检索方法，具体见表 2-6。

表 2-6　常用的检索方法

检索方法	具体介绍
分类检索	分类检索将各种概念按照学科、专业性质进行分类和系统排列。比如分类目录可以向用户展示一个科学分类系统，用户能够通过这个系统去查找自己所需要的文献
责任者检索	也就是将同一个作者的文件收集到一起，形成一个检索体系，通过作者名即可快速检索
按文号检索	按年度、发文机关分别编制。即将同一年度同一发文机关的文件编一张表，然后将所有的表装订成册，方便进行检索
按主题检索	是根据主题法的原理，将档案的主题按字顺排列的一种目录。以一份文件为单位将标题式标识串作为排检项，按照标识串首字的字序加以排列

2.2　档案的规范管理事关企业机密

从档案的收集可以看出，收集的档案都是对企业有一定价值的资料。因此档案事关企业的机密，需要重点进行管理，避免因为人为因素导致企业遭受损失。

2.2.1　档案的借阅管理规范

对于企业而言，之所以要保存档案，一方面是保留一些经营资料，以备不时之需；另一方面许多档案资料也能够在日常工作中使用。但是，企业也应当对企业档案使用进行合理规范，避免员工借阅档案导致档案遗失、泄露等问题，给企业造成不必要的损失。

企业需要明确档案借阅的相关要求，确保档案的安全。

①明确借阅范围：企业的档案分为不同层级，一些企业核心技术和数据不应当人人都能借阅，这一点需要重点考量。

②明确借阅手续：档案借阅应当履行一定的手续，不能谁想借阅就能借阅，这样能够避免别有用心之人利用档案。

③明确借阅要求：借阅要求主要包括档案的借用时限、档案损毁责任以及档案归还要求等，保护档案安全。

由于企业的档案各不相同，通常档案借阅的要求也存在差异。因此应结合企业实际状况制定档案借阅管理制度。

下面来看某公司档案借阅管理办法。

实用范本 公司档案借阅管理办法

为规范公司档案的借阅管理，确保档案的使用安全，特制定本办法。

一、借阅范围

公司档案室内保存的各类档案、资料。

二、查阅、借阅审批手续及要求

（一）查阅审批手续

档案的利用应严格审批手续并在档案室查阅，一般不允许将档案带出档案室，查阅后做好签名登记工作。

1. 查阅非密级档案。

查阅人须填写"档案借阅登记表"，经本部门负责人签字后可查阅本部门承办的档案材料；查阅非本部门承办的档案材料，除以上程序外，还须档案管理部门负责人同意。

2. 查阅密级档案。

①查阅秘密级和机密级档案，须填写"档案查阅（借阅）申请单"，经部室负责人签字，并经公司分管领导批准后方可查阅。

②查阅绝密级档案，须填写"档案查阅（借阅）申请单"，由部室负责人和分管领导签字后，并经董事长批准后方可查阅。

（二）借阅审批手续

如确需将档案带出档案室查阅的，借阅非密级档案须先由本部室负责人签字并经档案管理部门负责人批准后方可借阅；借阅秘密级和机密级档案须经本部室负责人及分管领导批准后方可借阅；借阅绝密级档案须由本部室负责人、分管领导签字，并经董事长批准后方可借阅。

未经许可，不能任意抄录档案内容，如需复制有关档案材料，须根据档案密级办理相应的审批手续（可在借阅申请单的备注中说明）。

（三）借阅要求

1. 档案借阅期限一般不超过 7 天。如延长借阅期，需重新办理借阅手续。

2. 档案利用者必须保证所借档案资料的完整无损，不得私自拆散案卷和抽取卷内文件，不得在卷上涂改、加字、填记号，不得损坏档案原貌。未经许可，更不得转借他人。

3. 凡毁坏、丢失档案和私自泄露档案内容，给公司造成损失和负面影响的，按照《中华人民共和国档案法》及档案工作管理办法有关规定对责任者进行处理，情节严重的追究其法律责任。

4. 归还档案资料要及时、齐全、完整，档案借阅和归还时，由借阅者和档案管理人员共同进行清点检查，待档案管理人员检查无误后方可注销借阅登记。

三、附则

本制度自发布之日起执行。

通过以上范本可以发现，该公司的档案分为借阅和查阅。借阅是将档案借出档案室，查阅是在档案室查看。此外，针对密级材料还需要填写申请表，通过后才能查阅。另外，无论是借阅还是查阅，都需要填写档案借阅登记表，避免档案出现问题而无法追责的情况。

下面具体来看常见的档案借阅登记表的基本格式，见表 2-7。

实用范本 档案借阅登记表

表2-7 档案借阅登记表

年 月 日

序号	文件标题	份数	借阅人	部门	借阅时间	用途	签字	归还时间	归还人	备注

2.2.2 档案的保密管理

档案资料对于企业来说是至关重要的，然而企业员工在工作中难免会接触到企业的相关文件，这就要求企业做好保密管理工作，避免企业机密泄露。

此外，通常企业会通过制定保密制度的形式对档案的保密情况进行规范，让员工遵守，确保档案机密安全。

下面具体来看某公司档案保密制度。

实用范本 公司档案保密制度

一、公司的档案管理人员为保密工作的直接责任人，应自觉对公司的档案材料进行保密。

二、在正常的工作业务中，需要提供属于公司机密事项时，必须经集团董事长同意后，方可提供。

三、对公司下发的保密文件及重要会议材料各单位进行妥善保管，并进行登记管理，不得乱扔乱放。

四、保密文件的复制必须履行审批、登记手续。要严格按照批准的份数，不得擅自多印留存。复制文件应按原文密级进行管理，复制中形成的废页应作为密件销毁。

五、绝密级文件、资料不得全文抄录，确因工作必须摘抄的，须经集团公司主要领导批准，并履行登记手续。未经同意，不得擅自复印、翻印和摘抄。

六、保密文件在发送装封时，应按批准份数认真清点、装封，切忌将不同密级的文件混放于同一信封中。密级的信封上要以戳记标明文件的密级。封口时，不应用钉书钉封口的方式，应采用密封的方式。

七、涉及国家机密和公司商业秘密的文件，原则上不用传真方式发送，确因紧急情况需要时，要用密码传真传送，不允许用普通传真机和电子邮件传送；绝密级公文不得利用计算机、传真机传输。

八、保密文件接收时应由公司保密人员拆封，其他人员一律不得拆封。保密文件的登记、编号，要与一般文件分开进行。

九、传阅保密文件时，必须由指定的人员统一掌握。不经过集团主要领导批准，不得擅自扩大秘密文件的阅读范围。公司工作人员应在办公室阅读秘密文件，公司领导确需在家中阅读秘密文件时，应按照有关规定，做好保密工作。

十、保密文件必须存放在有保密设施的办公室及设备中保管，并经常检查。常用的秘密文件随手入柜加锁。

十一、建立公司保密文件清退制度，每逢重大节假日前两天各部室需将所传阅的保密文件清退给办公室。如发现遗失，要及时追查处理。

十二、如保密人员因工作调动或其他原因而长期离开岗位前，必须把自己经营的秘密文件全部移交清楚。移交时，要造册、清点、核对，并且要履行签收手续。

十三、保密人员每年对办理完毕的保密文件收集齐全，对有查考价值的要整理立卷，其他文件可按有关规定处理。调阅公司的保密档案，须经公司主要领导批准。

十四、保密文件销毁前，必须逐一登记，并在报集团主要领导批准后派两名以上工作人员进行销尽。绝密文件应指定专人在公司内销毁。

十五、以上保密文件拟制、处理、管理的各个环节，要建立严格的登记制度，在工作过程中保密文件管理人员要注意不要谈论文中的机密事项，不让无关人员随意浏览，不得在无保密措施的无线电话中谈论机密事项等。

十六、公司印制各类简报、刊物及向宣传、新闻出版单位提供公开发表的稿件、信息，承办人应经公司主要领导审批，不得涉及和泄露国家及公司秘密。

十七、公司工作人员在外出访问、涉及业务技术谈判、学习交流展览演示等公务活动中，不准随身携带密级文件、资料，要严格遵守保密纪律，防止泄露事件发生。

该公司的档案保密制度较为全面。从保密文件的使用、存放、发送及收集等方面出发进行了具体规范，通过条例的形式进行了列举，方便员工遵照执行。

行政文秘工作者在制定制度时可以参照以上内容，并结合公司实际情况，制定符合需求的制度。

2.2.3　过期档案的销毁

随着企业生产经营活动的开展，会不断产生各种档案。因此企业需要定期将超过一定期限的档案进行销毁，避免档案过多占用空间，提升档案的管理难度。

需要注意，虽然是销毁过期档案，但是也要按照一定的流程操作。避免相关人员违规操作，导致相关档案资料泄露或是将不需要销毁的档案销毁，导致企业遭受损失。

下面具体来看过期档案销毁的一般流程，如图 2-4 所示。

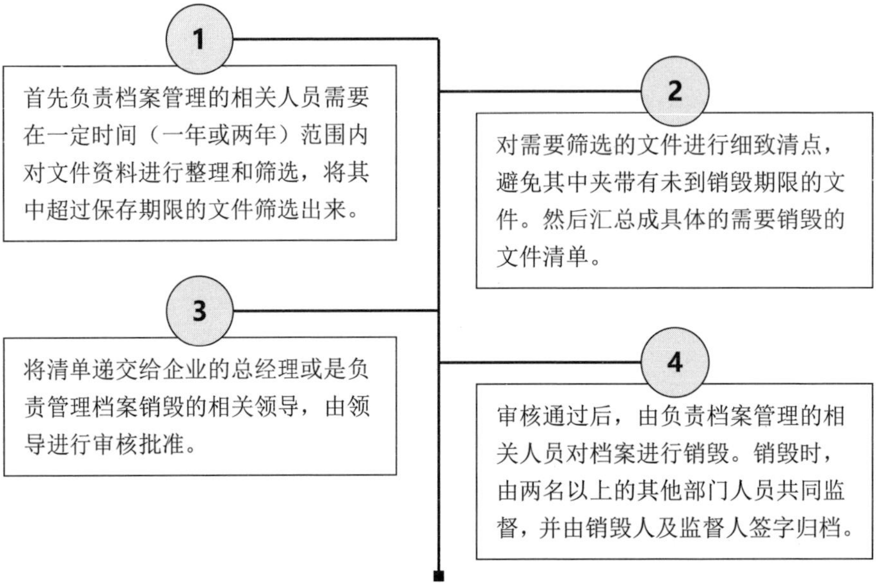

1 首先负责档案管理的相关人员需要在一定时间（一年或两年）范围内对文件资料进行整理和筛选，将其中超过保存期限的文件筛选出来。

2 对需要筛选的文件进行细致清点，避免其中夹带有未到销毁期限的文件。然后汇总成具体的需要销毁的文件清单。

3 将清单递交给企业的总经理或是负责管理档案销毁的相关领导，由领导进行审核批准。

4 审核通过后，由负责档案管理的相关人员对档案进行销毁。销毁时，由两名以上的其他部门人员共同监督，并由销毁人及监督人签字归档。

图 2-4　档案资料销毁流程

上述流程中提到销毁档案之前需要提交申请，常用申请表模板见表 2-8。

实用范本 档案文件销毁申请表

表 2-8　档案文件销毁申请表

日期	档 案 名	档号	密级	数量	单位	规定保管年限	已保管年限	销毁理由	申请部门	备注

通过上述模板可以看出，负责档案管理的人员需要清点登记销毁档案的名称、档号、密级、数量、单位、规定保管年限和已保管年限等，还要注明销毁的具体原因。下面具体来看某企业的档案销毁制度。

实用范本 档案销毁制度

1. 档案的销毁，是指对没有保存价值的不归档文件和保管期限已满无须继续保存的档案进行销毁。

2. 档案销毁，必须按照国家规定档案销毁的标准，严格进行鉴定。

3. 经过鉴定确需销毁的档案，必须写出销毁档案内容分析报告，列出档案销毁清册。

4. 档案销毁，必须严格执行审批制度，履行批准手续。

5. 批准销毁的档案，应及时送造纸厂化为纸浆或焚毁，且要有两人监销；销毁完毕，监销人要在销毁清册上写明某日已销毁并签名盖章。

6. 档案的销毁，必须在相应的"案卷目录""档案总登记簿"和"案卷目录登记簿"上注明"已销毁"。

以上模板中的档案销毁管理制度通过条例的方式对档案的销毁条件、操作流程进行了具体规定，简洁实用。

2.3　特殊类型档案的管理分门别类

企业内部除了有普通的纸质档案外，还会有一些特殊类型的档案，如电子档案、音像档案和照片档案等。特殊档案同样会涉及企业机密，因此需要重点保存。

2.3.1　电子档案的管理

行政管理人员在对电子文件进行归档时，首先需要了解电子文件归档有哪些要求以及其具体的步骤是怎样的。

（1）电子文件归档的要求

电子文档的归档要求如下所示。

①纸质文件的归档方法对电子文档同样适用。

②电子文件管理者应在存储电子文件的载体或装具上贴标签，注明载体序号、档号、密级以及存入日期等内容。应将归档后的电子文件载体设置成"禁止写入"操作的状态。

③电子文件管理者应将相应的电子文件与机读目录、相关软件以及其他说明等同时归档，并将电子文件档案号登入电子文件登记表。

④具有永久保存价值的文本或图形形式的电子档案，如没有纸质文件和其他拷贝件，必须制成纸质文件或缩微品等。归档时应同时保存文件的电子版本及相应支持软件、纸质版本或缩微品。

⑤永久和定期保存的电子档案，应拷贝一式三套（一套封存保管，一套异地保管，一套提供利用）。

⑥归档完毕后，电子文件形成部门应当将存有归档前电子文件的载体保存一年。

⑦对需要长期保存的电子文件，电子文件管理者应将机读目录与相应的电子文件存储在同一载体中，同时应当确保载体中存储的归档文件名与机读目录名称一致。

（2）电子文件归档步骤

电子文件归档通常分为两个步骤，先对电子文件进行逻辑归档，每隔半年进行一次物理归档。

◆　逻辑归档

对于具有稳定可靠的网络环境、严密的安全管理措施以及对内容重要的电子文件制作了纸质版本的部门，可以直接向档案室实施逻辑归档，其基本要求如下。

①电子文件归档操作由具体经办人完成，办理完毕的电子文件要注明标识。档案室要会同各部门设定查询归档电子文件的权限。

②网络管理人员要把归档电子文件的物理地址存放于指定的计算机服务器上，对服务器必须采取双机备份等可靠的备份措施。

③局域网内部要有可靠的安全防范措施，并及时清除重复文件。

◆ 物理归档

物理归档是指将逻辑归档的电子文件分类进行光盘制作，转换为物理形式，并制作相应的电子文件登记表。物理归档的基本要求如下。

①相关归档人员应根据归档范围，在电子文件产生时就对应归档电子文件标注一定的标记（文件题名、形成日期和编号等）。

②对于处理完毕的电子文件应进行逻辑归档，每半年进行物理归档，进行物理归档后的电子文件仍需要保留一年。

③对于特殊格式的电子文件，在进行归档时还需要在存储载体上同时备份查看软件等。

（3）归档文件的保管

在对归档文件进行保管时，除应当符合纸质档案要求的外，还应当符合下列条件。

①归档载体应做防写处理，单片载体应盒装，竖立存放，避免挤压。

②存放场所应远离磁场、热源，并与有害气体隔离。

③环境温度的选定范围应为 17℃ ～ 20℃；相对湿度的选定范围应为 35% ～ 45%。

④在更新设备环境时，相关人员应当确认库存载体与新设备的兼容性；

对于不兼容的，应当及时进行载体转换。

⑤定期抽检，抽样率不低于 10%（磁性载体每两年；光盘每四年）；对于磁性载体上的电子文件每四年转存一次。

⑥档案室应在检验完成后将结果填入归档电子文件管理登记表，并进行保存。

2.3.2　音像档案的管理

音像档案主要指通过声音或影像记录的档案资料，企业的日常经营活动中出现重大事项或是会议，则可能需要录音录像，这些档案对于企业来说也是十分重要的资产。

（1）音像档案的归档要求

要进行归档保存的音像文件，应当满足一定的条件，对不满足条件的音像档案要进行剔除。

①音像资料应有一定价值：归档保管的资料应当有一定价值，与企业生产经营活动紧密相关，或是涉及企业重大事项。

②音像资料归档内容：需要归档的应当是符合条件的录像带、脚本及解说词；光盘、软盘；录影带；幻灯片及解说词；其他音像资料。

③音像资料归档要求：归档的音像资料应当画面清晰、音响效果好、解说词和图像画面协调一致。

④音像资料备份：音像文件盘面上应加贴标签，填写报告内容、报告人姓名、职务及播放时长等信息，并根据需要备份 1 ～ 2 份。

（2）音像档案的保管

音像档案的保管应当遵循一定的原则，确保音像档案不受损坏，方便企业使用。

①档案室必须配置必要的检查设备和手段并进行定期检查，发现有破损、发霉、褪色或粘连等情况，应当及时采取相应的保护措施，延长寿命。对于录像片要定期倒带，软盘、光盘要定期读盘。

②入库音像档案应按载体和内容进行分类、编号、登记及装盒(夹)排架，编制检索工具。

③音像档案应保存在专门的柜、夹和盒内，并按各类载体要求的方式存放。

④音像档案库房(柜)应具备防火、防盗、防霉、防尘、防强光、防磁及防污染等设施。库房温度应保持在14℃～24℃，相对湿度为40%～60%。

2.3.3 照片档案的管理

企业中许多活动、会议及特殊事件等都会选择通过照片的形式进行记录，照片能够记录的信息相较于文字更为真实。

企业中的照片档案主要分为两类，一类是数字照片，一类是打印或冲洗出的实体照片。

在归档照片档案前，首先需要对照片进行筛选，选择重要的、有实际意义的照片进行打印或冲洗。照片档案的移交工作应当是实体照片、电子照片和文字说明三者同时移交。

在归档时，可以将照片档案与对应的文件档案进行合并归档，也可以单独归档照片档案。

下面具体来看某企业的照片档案归档制度。

实用范本 照片档案管理办法

为加强和规范公司照片档案管理，建立和健全照片档案管理制度，更好地开发利用照片档案信息资源，为公司生产建设和发展服务，制定本规范。

一、归档范围

1. 记录本公司主要活动和重要工作成果的照片。

2. 领导人和著名人物参加本公司的重大公务活动的照片。

3. 本公司组织或参加的重要外事活动的照片。

4. 本公司建设项目的开工、竣工典礼照片。

5. 其他具有保存价值的照片。

二、收集要求

1. 对属于归档范围的照片，应按规定定期向本公司综合档案室归档，任何公司或个人不得据为己有。

2. 对反映同一内容的若干张照片，应选择其主要照片归档，主要照片应具备主题鲜明、影像清晰、画面完整以及未加修饰剪裁等特点。

3. 底片、照片和说明应齐全。

4. 底片与照片影像应一致。

5. 照片档案的移交和征集应符合有关标准的要求。

三、收集时间

1. 对具有归档价值的照片，其摄影者或承办单位应及时整理，向档案室归档，一般不应跨年度。

2. 照片档案随立档单位其他载体形态的档案一起向有关档案馆移交。在特殊情况下，经主管领导同意可以提前或延迟移交。

四、照片档案的整理

1. 整理原则。

照片档案的整理应遵循有利于保持照片档案的有机联系、有利于保管以及有利于提供利用的原则。照片档案的底片、照片应分开存放。

2. 保管期限。

保管期限是按照片、底片价值划定的存留年限，分为永久、长期和短期三种。

3. 底片的整理。

①底片号是固定和反映底片在全宗内排列顺序的一组字符代码，由全宗号、保管限期代码和张号组成。

②底片号的登录。

宜使用铁笔将底片号横排刻写在胶片乳剂面片边处，不得影响画面，也可采用其他方式将底片号附着在胶片乳面片边处，不得污染胶片。底片登录顺序应与照片登录顺序保持一致。

4. 照片的整理。

①照片的分类。

应在全宗内按保管期限—年度—问题进行分类。

②照片的排列。

在分类方案的最低一级类目内，按问题结合时间、重要程度等进行排列。为便于提供利用，照片排列及入册应同时考虑不同保密等级照片的定位。

③照片的编号。

照片号是固定和反映每张照片在全宗内分类与排列顺序的一组字符代码，由全宗号、保管期限代码、册号和张号组成或全宗号、保管期限代码和张号。

④照片的入册。

将照片按照分类、排列顺序固定在芯页上，组成照片册；对放置不下的大幅照片，可将其放入专用的档案袋或档案盒中，按照照片号顺序排列。

5. 目录的编制。

照片档案目录种类包括册内目录、基本目录、分类目录、主题目录和摄影者目录。

6. 照片档案的保管。

底片袋应使用表面略微粗糙和无光泽的中性偏碱性纸制材料制作，使用中性胶粘剂，接缝应在袋边。

工作梳理与指导

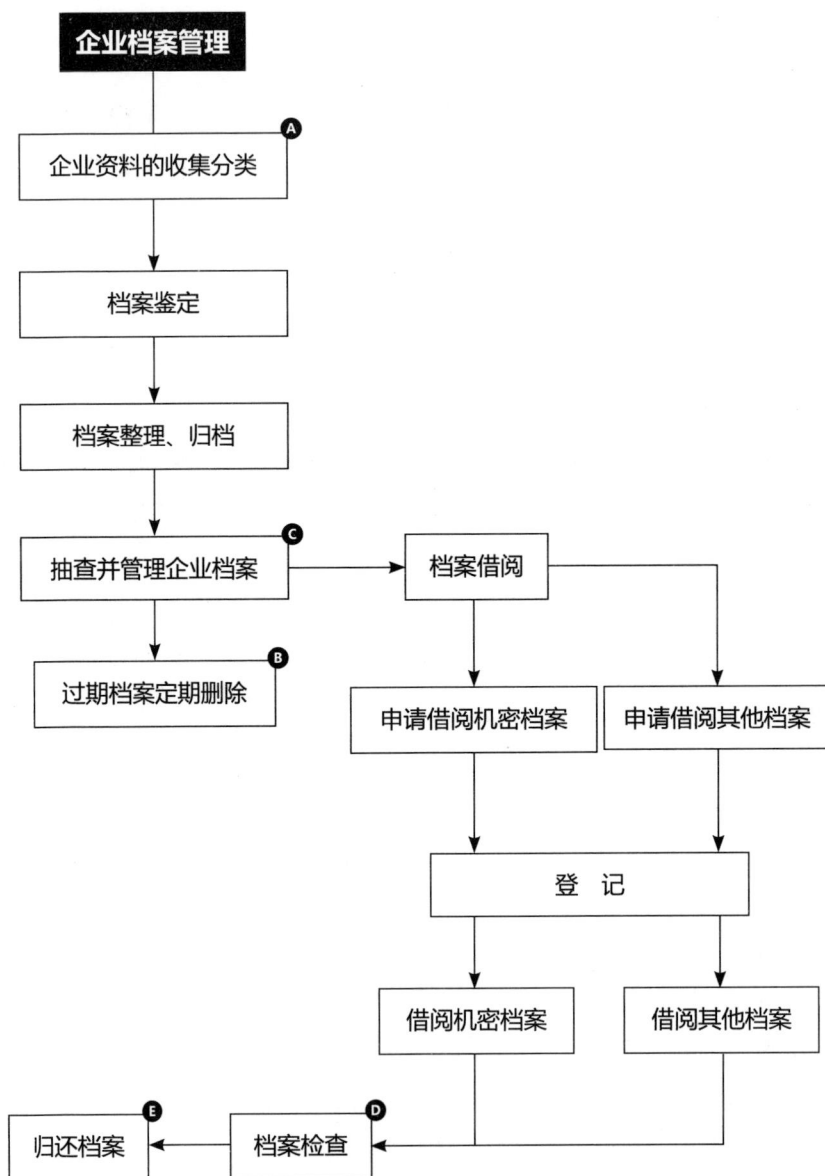

企业档案管理

企业资料的收集分类 **A**

↓

档案鉴定

↓

档案整理、归档

↓

抽查并管理企业档案 **C** → 档案借阅

↓ ↓ ↓

过期档案定期删除 **B**　申请借阅机密档案　申请借阅其他档案

↓ ↓

登　记

↓ ↓

借阅机密档案　　借阅其他档案

↓

归还档案 **E** ← 档案检查 **D**

按图索骥

🅐 影响企业资料收集的因素较多，为了使企业档案更加丰富，应当完善企业制度，要求各部门按时提交相关资料。

🅑 在对企业中的过期档案进行删除后，需要同步对档案目录进行调整，避免出现目录与档案不符的情况，影响档案使用效果。

🅒 档案管理不只是对档案进行归档管理，在日常工作中，管理人员还应当随时对档案进行抽查，如果发现档案存在损坏或遗失的情况要及时进行上报。

🅓 当员工完成档案的借阅后归还档案时，档案管理人员要对档案进行细致检查，不仅仅检查档案数量，还要检查档案是否存在损坏或是遗失等情况。出现问题要及时向上级领导汇报，寻找解决办法。

🅔 本章中档案的归还并没有单独介绍，但是企业的档案管理中通常会对档案的归还进行规定。如档案利用者必须严守企业机密，借阅档案不准转借、不得丢失、不得将档案内容向无关人员泄露。借阅和归还档案时，双方要当面点清。如发现损坏、遗失等情况，除积极追查补救外，应及时向领导报告，并视情节轻重进行处罚。

答疑解惑

问： 根据企业要求，现在需要进行员工档案管理，请问其相关流程是怎样的呢？

答： 每家企业要求的材料都不同，常见的流程如下：①员工入职。提交企业要求的相关入职资料和签署相关的表格和承诺书，然后将所收集到的资料以及劳动合同建立员工的个人档案，存放于相对应的档案盒内。②根据员工在职期间的薪酬变动、岗位晋升、岗位变动等情况保存好所有的相关表格，存放于员工的个人档案内，并在目录上予以记录。③员工离职之时，需要将员工的所有离职资料纳入员工个人档案中，并在目录上记录清楚，存入离职员工档案中，并在相应的档案目录中标明"离职"。

问： 请问对于中小型企业，是否需要买一套档案管理软件管理企业档案？

答： 如今市面上有许多的档案管理软件能够帮助各企业高效管理档案，能够方便后续档案的查找和使用，然而并不是所有的企业都适合购买档案管理软件。如果企业规模较小，或是企业刚起步不久，则完全没有必要购买档案管理软件，而是可以通过规范归档的方式整理企业的档案，并建立目录，方便档案的查找和使用；如果企业的规模较大，且当前的档案系统较为混乱，档案查找和利用的效率较低，此时就可以考虑购买档案管理软件，对企业档案

答疑解惑

进行规范。

问：企业当前档案管理混乱，如果需要开展档案管理工作，应当如何规范编写档案管理方案？

答：编写档案管理方案首先要清楚企业有哪些业务活动，这些活动会形成什么文件，哪些文件是要形成档案的。在档案管理方案的内容方面主要包括总则（档案管理的目的）、档案管理原则、档案管理人员的职责、文件材料收集和归档要求、档案的分类和整理、档案的保管要求、档案的鉴定和统计要求、档案的利用要求以及档案的销毁要求。这是针对整个企业档案工作的管理工作规范。具体到不同性质的企业产生的不同类型的档案，还可做细化的管理方案。

实用模板

保密文件登记表	公司档案管理制度	档案存放情况表
公司报刊订阅管理标准	档案利用效果登记表	档案查询申请表
公司文件资料管理制度	档案明细表	培训档案管理制度
归档电子文件管理登记表	档案移交（接收）登记表	人事档案保管制度
归档电子文件迁移登记表	档案转移记录表	人事档案查阅制度
文件发送登记表	档案查阅登记表	人事档案利用制度
文件分发登记表	档案存放地点一览表	

第3章

做好会议与接待，确保有序工作

会议和行政接待工作是企业的行政文秘工作者需要重点关注的工作，处理好会议和行政接待工作才能确保企业正常运营，确保各项工作能够有序开展。

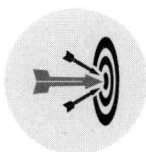

3.1 会议开始前的准备工作要重视

一次完整的会议通常包含三部分。在确定会议目标的情况下，首先需要进行会议准备，然后开展会议，最后进行会议跟踪与落实。作为企业的行政文秘工作者，会涉及会务工作的多个方面，如会议成本预算、会议议程管理等。

3.1.1 会议成本的预算与管控

行政文秘工作者在制定会议预算方案时应当充分全面地考虑整场会议可能发生的开支，并留有一定的余地，避免出现突发事件，导致会议预算超支，影响会议正常开展。

下面具体来看一个预算不足导致的会议问题。

实操范例 预算不足导致的尴尬场面

陈某在一家投资公司做文秘工作，某天公司要与一些重要客户进行投资洽谈，于是总经理吩咐她做一份关于投资洽谈会议的预算方案。完成后总经理觉得没问题，就同意了，并让秘书按照该方案进行执行。

在会议途中，由于一些意外因素导致会议无法如期开展，需要延后一天，于是客户想就这一天空闲时间在公司内部进行实地考察。由于这项活动会增加各项人力、物力投入，导致成本增加，且属于预算外的内容，于是秘书委婉拒绝了。这让客户感到十分扫兴，最终影响了会议的正常开展，给公司造成了较大损失。

从上述案例可以看出该文秘工作者存在两方面的问题，一是预算工作不够全面，没有充分考虑各种情况；二是没有做好随机应变，即使预算中不包含也不应当直接拒绝客户。

知识扩展 文秘工作者的责任

　　文秘工作者并不只是按照领导的要求拟写各类文书，在拟写过程中还需要进行充分考虑，这是优秀文秘工作者的责任。不仅要了解上级的目的、执行上级命令，有时还要帮助上级决策。

　　那么一份完美的会议预算方案应当包括哪些内容呢？这就要求文秘工作者充分考虑，预计可能发生的每一笔费用，表3-1所示为会议预算的费用类型。

表 3-1　会议预算费用类型

预算类型	具体介绍
住宿费用	住宿费用主要包括要参加会议的相关人员、客户等的住宿、餐饮及服务等费用
会议费用	会议费用是指会议活动准备和开展过程中可能发生的费用，主要包括：①接站、交通费用；②会议室设备租赁费用；③会场布置费用；④现场瓜果、盆栽费用；⑤礼品费用；⑥宴请等活动费用；⑦媒体宣传费用
其他费用	用于应对突发情况的费用，例如会议中的特殊需求或会议相关的需求

　　需要注意的是，在进行会议成本预算时，不应当考虑哪些方面能够节约成本，而是应当考虑哪些方面可能超过预算，避免出现预算不足的情况。

　　下面具体来看会议费用预算表模板，见表3-2。

实用范本 会议费用预算表

表 3-2　会议费用预算表

编号：　　　　　　　　　　　　　　　　　　　　　　年　　月　　日

费用类型	项　目	专项费用	单　价	数　量	小　计
资料	设计				
	印刷				
	发行				

费用类型	项 目	专项费用	单 价	数 量	小 计
食宿	住宿				
	餐饮				
差旅费用					
礼 品					
其他费用					
总 计					

制表人：　　　　　　　　　　　　　　　审核人：

3.1.2　会议议程和日程的拟定

会议议程和日程是会议的重要考虑因素，明确会议的议程和日程有利于相关与会人员做好准备。

（1）会议议程的拟定

会议议程是指会议的程序表。会议议程应当包含的内容有会议议案、与会者姓名、会议时间及会议地点等内容。

假如议程中明示某一时间点用于探讨某一议案，则会议工作人员可以特意安排某些人晚些到场（即令某些人在他们的议案被讨论的前几分钟才进入会场），也可以让某些人早些离场（即令某些人在他们的议案被讨论后离开会场）。

这就要求行政文秘工作者在拟定会议议程的时候要兼顾各个环节。因为完善合理的会议议程既能够彰显企业的形象，也能够提升会议的规范性，保障会议顺利开展。

下面具体来看完整的会议议程应当包含哪些内容。

①开幕式。

②领导、来宾各自致辞。

③领导做精简报告。

④自由讨论，各代表发言。

⑤参观集团项目和成果。

⑥宴会、舞会等文娱活动。

⑦会议总结。

⑧领导宣读决议。

⑨闭幕式。

当然这是一般的大中型会议的议程，企业的行政文秘工作者应当结合企业实际的会议需要进行合理的调整。同时，议程中涉及相关领导发言、致辞等情况要及时告知相关领导，方便做好准备。

（2）会议日程的拟定

行政文秘工作者在拟定会议日程的时候，要尽可能地明确会议的具体时间，这样能够让与会者根据会议日程安排时间。

此外，如果会议的内容较多，一天时间难以完成，则要合理安排时间，避免将所有内容挤在一天。这样的会议往往难以达到效果，需要文秘工作者注意安排。

下面具体来看编制会议日程的方法。

①拟定议程表时，应注意议题所涉及各种事物的习惯性顺序和本公司章程有无对会议议程顺序的明确规定。

②拟定议程表之前还须明确会议活动的人员、日期和时间、地点及餐饮安排。

③宣布议程，然后说明一些有关此次会议事务性的内容，之后再安排讨论的问题。

④尽量将同类性质的问题集中排列在一起，这样既便于讨论，也便于有关列席人员到会和退席。

⑤保密性较强的议题一般放在后面。

下面通过具体案例来看某企业的会议日程安排表。

实操范例 **新产品研发会议的日程拟定**

某企业为了提升产品的市场竞争力和产品的创新能力，于是组织企业的研发部门相关人员到上海某知名同类企业开展技术交流会议。根据这一需求拟定了会议日程表，见表3-3。

表3-3　会议日程表

日　期	时　间		内容安排	地　点	参加人	负责人	备　注
6月8日	上午	8:30	报　到	会议大厅	全部	赵副经理	
		9:00	总经理讲话	会议室	全部		
		9:40	参观企业		全部	赵副经理	
		12:00	午　餐	中心餐厅	全部		
	下午	2:00	研发部经理介绍	会议室	全部		
		3:40	成员学习交流	会议室	全部		
	晚上	6:00	晚　餐	会议餐厅	全部		
		7:30	联欢晚会	多媒体中心	全部	赵副经理	
6月9日	上午	7:30	早　餐	中心餐厅	全体		
		9:00	研发部总监交流	会议室	全体		
		12:00	午　餐	中心餐厅	全体		

续上表

日　期	时　间		内容安排	地　点	参加人	负责人	备　注
6月9日	下午	1:00	研发部经理总结	会议室	全体		
		5:00	聚　餐	中心餐厅	全体	赵副经理	
		6:00	离　会		全体		

可以看到，以上会议日程表详细规定了两天的会议活动日程，需要参加会议的人员通过该表格即可快速了解日程情况。

3.1.3　会场的选择与布置要点

会场的选择和布置直接决定了会议环境的好坏，因此需要重点关注并掌握一定的会场选择和布置方法。

（1）会场的选择

会场的选择是先于布置工作的，如果会场选择不合理，可能导致会场无法容纳与会人数、会议质量差及会议环境差等问题。

选择会场要慎重，选择过程可以参考以下几点。

①参会人数决定会场大小。参会人数越多，则相应需要的会场就越大；小型会议则可以选择小的会议室。

②会场的出入口要通畅。露天会场的出入口要有明显的标识，要考虑对周边交通的影响；室内会场的出入口在开会期间不得关闭，门扇通常是往外开启。

③会场所在地的交通要便利，并且便于集中和疏散。场地周围的环境要安静，不能有施工和交通的噪声干扰；室内的会场要具备通风和温度调节的设施；会场附近要有卫生间，并有醒目标识。

④露天会场周边要有专人佩戴标识维持秩序，防止闲人混杂。室内会场门口和场内要有服务人员守候、送水和管理音响设备等。

在选择会议场地时，行政文秘工作者首先要明确需求，然后进行实地考察，选择符合要求的场所。

（2）会场的布置

会场形式的安排，要根据会议的规模、性质和需要来确定。不同的会场布置形式，体现不同的意义、气氛和效果，适用于不同会议的目的，这是行政文秘工作者需要掌握的。

下面具体来看常见的会场布置形式有哪些，以及各种布置形式对应的优缺点。

◆ 相对式

相对式布置形式的主席台和代表席采取上下面对面的形式，更注重的是突出主席台的地位。常见的有礼堂式、教堂式和弦月式。图 3-1 所示是礼堂式布置形式的大致结构。

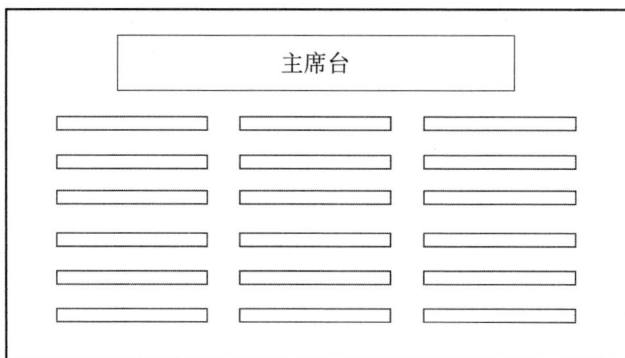

图 3-1 礼堂式布置形式会场结构

相对式会场的优点是设立专门主席台，会场气氛显得比较严肃和庄重；缺点是容易给在主席台上的发言人造成一种心理压力，如果事先准备不充

分、现场发挥不好或者缺乏控制会议的经验和能力，就会造成会场秩序的
混乱。

◆ 全围式

全围式会场不设专门的主席台，而是会议的领导和主持人同其他与会
者围坐在一起进行交流。这种方式适用于召开小型会议和特小型会议，以
及座谈会、协商性等类型的会议。主要包括圆形、长方形和多边形，如图3-2
所示。

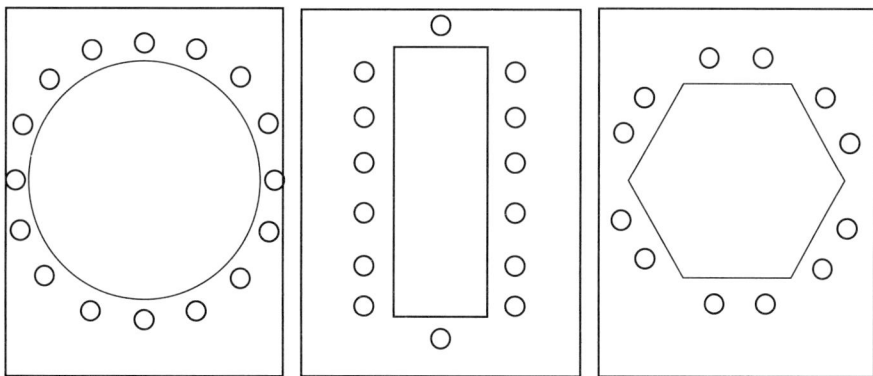

图 3-2　圆形、长方形和多边形会场

全围式会场的优点是容易形成融洽的合作气氛，体现平等和互相尊重
的精神。有助于与会者之间相互联系、了解和进行不拘泥于形式的发言和
插话，使与会者畅所欲言，充分交流思想、沟通情况；缺点是氛围轻松，
容易让与会者产生自由散漫的思想。

◆ 半围式

半围式是介于相对式和全围式之间，即在主席台的正面或两侧安排代
表席，形成半围的形状。这种布置形式适用于中小型的工作会议等，主要
包括马蹄形、T字形和桥形，如图3-3所示。

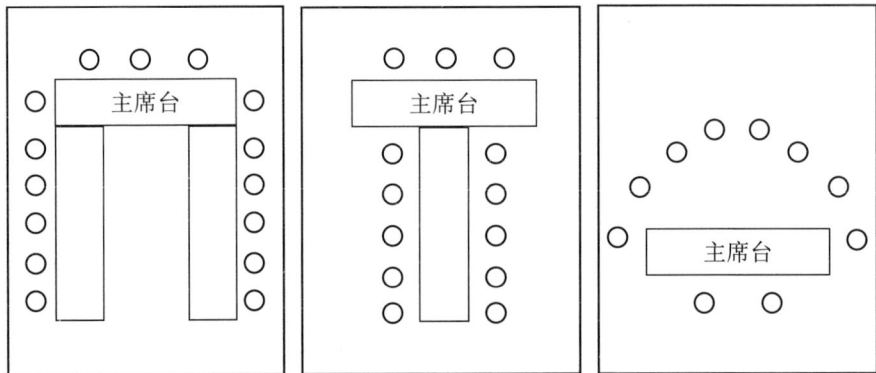

图 3-3　马蹄形、T字形和桥形会场

半围式的优点是既突出了主席台的地位，又增加了融洽的气氛；其缺点是对会议规模有一定的限制，不适用于所有会议类型。

◆　分散式

分散式就是将会场分成若干个中心，每个中心设一桌席，与会者根据一定的规则安排就座，其中领导人和会议主席就座的桌席称作"主桌"。适合召开规模较大的联欢会、茶话会及团拜会等。

分散式会场的优点是既在一定程度上突出了主桌的地位和作用，又给与会者提供了多个谈话、交流的中心，使会议气氛更为轻松、和谐；其缺点是对会议主持人有较高要求，这种会场座位格局要求会议主持人具有较强的组织和控制会议的能力。

3.2　会议的实施与总结将会议落实

前面介绍的是会议前的准备工作，当一切准备就绪后，接下来就要重点关注会议的实施与会后的总结。这部分是会议管理的主要内容，行政文秘工作者应当引起重视。

3.2.1 会议实施过程控制

在会议召开期间，行政文秘工作者要做好相应的安排、组织工作，保证会议顺利进行。此外，还要注意突发事件的应对。

（1）会议进程控制

会议进程控制就是对会议的各个节点进行控制，确保会议顺利开展。

◆ 会议签到

为了保证会议质量，确保与会人员的出勤情况，在会议开始前，行政管理人员应组织到场人员进行签到。表3-4所示为常见的会议签到表。

实用范本 会议签到表

表 3-4 会议签到表

年 月 日

会议主题			主持人		
会议地点			会议时间		
部门	姓名	签名	部门	姓名	签名
缺席人员记录					
部门	姓名	缺席原因			

制表人： 审核人：

◆ 跟踪会议进程

当会议发生变动时要及时通知相关人员。例如议程发生变动，要及时通知每一位与会人员。对于无法处理的事，行政管理人员要及时和会议工作人员进行协调。

◆ 做好会议记录

会议记录是会议过程的真实记录凭证，是一种记叙性和介绍性的文件。会议记录的措辞要符合实际、简明扼要。必要时会议工作人员也可用录音笔先录下会议全过程，会议结束后再填写会议记录。

（2）会场突发事件处理

会议活动过程中难免会发生意外，行政文秘工作者应当提前为可能发生的意外情况制订预案。由于会议活动时间较为紧张，因此需要对突发事件的优先级进行排序，这时可以考虑采用四象限法则，如图 3-4 所示。

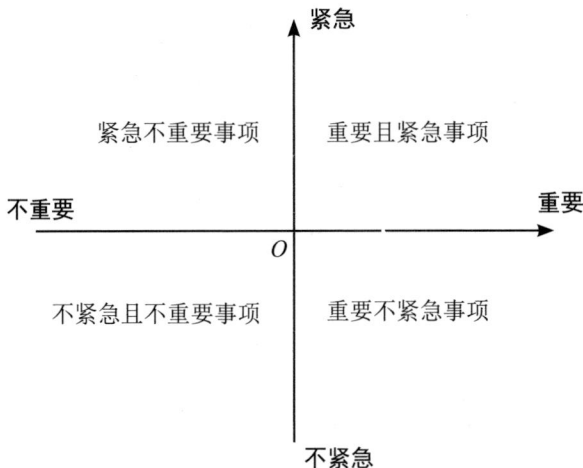

图 3-4　四象限法则示意图

四象限法则是时间管理理论的一个重要观念。指应有重点地把主要的精力和时间集中地用于处理那些重要但不紧急的工作，这样可以做到未雨绸缪，防患于未然。

紧急且重要的事项要首先处理；紧急不重要的事项其次；重要不紧急的事项记录下来在合理时间处理；不紧急且不重要事项可以交由他人代为处理或是空闲时间处理。

行政文秘工作者在会前就应当充分考虑到各种因素，然后将这些因素按照四象限法则进行分类，分别制定对应的解决方法。

下面通过具体的案例来看通过四象限法则设置的会议应急预案。

实操范例 会议应急预案的编制

由于经营需要，某企业需要召开未来两年的发展交流会议。现在已经做好了各项基本准备工作，还需要行政文秘工作者编制一份会议应急预案。张某在充分考虑了会议的整个流程可能发生的突发情况后，通过四象限法则编制了预案，见表3-5。

表3-5 发展交流会议应急预案

重要程度	具体介绍
重要且紧急事项	①如遇火灾，要紧急疏散与会人员，维持秩序并拨打火警电话 ②会议开始前对现场的电器设备进行检查，避免设备漏电伤人 ③会议过程中如果发生人员扭伤、踩踏等事故，要第一时间将伤员送到最近的医院 ④会议过程中出现与会议无关的闲杂人等，影响会议进行，要及时处理，将其带离现场 ⑤与会场设备的相关维修人员保持联系，确保会场设备故障能够第一时间解决
紧急不重要事项	①会议开始前要选定一个备用会议场所，避免因为会场出现问题，会议无法正常开展的情况 ②因会议需要，与会人员提出某些问题，应安排人员及时处理，不影响会议正常开展 ③会场应备齐相关应急药物

重要程度	具体介绍
重要不紧急事项	①安排会场巡视人员巡视会场设备，确保会议能够正常开展 ②会议开始前要安排工作人员对会场清洁进行整体检查，不合理之处要及时整改 ③会议进行过程中出现一些与会议无关的事项，如公司的其他事项，应当将其记录下来，待会议结束后处理 ④会议结束后应安排相关人员对会议现场进行整理
不紧急且不重要事项	①会议开始前组织相关会场工作人员进行突发情况的应急演练，对维护秩序的工作人员讲明注意事项 ②会议开展过程中与会议无关的部分设备出现问题，应当等会议结束后让相关人员进行维修

从表 3-5 可以看到，该行政文秘工作者按照四象限法则将会议过程中的突发情况进行了分类，并分别提出了解决对策，条理清晰，能够有效指导会议的进程。

3.2.2 规范管理企业会议纪要

要了解会议纪要，首先要知道会议记录。会议记录只是一种客观的纪实材料，会议纪要是在会议记录基础上经过加工、整理出来的一种记叙性和介绍性的文件。主要包括会议的基本情况、主要精神及中心内容。

会议完成后，要将会议内容和会议精神进行传播，有需要则编写会议纪要。行政文秘工作者在编写会议纪要的过程中要注意以下三个要点。

① 内容的纪实性。会议纪要如实反映会议内容，不能离开会议实际内容再创作，否则就会失去其内容的客观真实性。

② 表达的提要性。会议纪要是根据会议情况综合而成的，因此，撰写会议纪要时应围绕会议主旨及主要成果来整理、提炼和概括。重点应放在

介绍会议成果，而不是叙述会议的过程。

③ 称谓的特殊性。会议纪要一般采用第三人称写法。由于会议纪要反映的是与会人员的集体意志和意向，常以"会议"作为表述主体。用语方面常使用"会议指出""会议决定""会议要求"等惯用语。

会议纪要的常见格式有两种，下面具体进行介绍。

实用范本 会议纪要

时间：

地点：

主持人：

参会人员：

　　1. 出席人员：

　　2. 列席人员：

　　3. 会议记录：

会议议题：优化薪酬组合后需要注意的问题

会议内容：

…………

一、优化组合后的工薪发放问题

…………

二、下一步绩效考核办法

…………

三、关于员工公休问题

…………

20××年××月××日

主送：××

抄送：××

实用范本 "企业人事制度改革"会议纪要

20××年××月××日14:00—16:00，公司召开总经理办公室会议，研究讨论企业人事制度的相关改革措施以及相关问题解决方案的事宜。总经理王某主持会议，公司董事会常委、相关领导及相关部门负责人参加。会议决议事项纪要如下所示。

一、宣示人事制度改革方案，经会议讨论后决定：

……………

二、各部门经理汇报本部门现行制度，进行会议讨论：

……………

三、讨论人事薪酬改革方案，决定：

……………

四、企业董事长就人事制度改革方面工作提出要求：

……………

3.2.3　如何进行会议质量的评估

会议评估是指根据一定的目的和标准，遵循一定的原则，运用科学的方法，对会议活动各项要素及其产生的社会经济效益等方面，进行质和量的综合评价活动。

会议评估的方法较多，每种评估方法起到的效果也有所差别，具体介绍见表3-6。

表3-6　会议评估方法及其效果

评估方法	效果介绍
调查问卷	问卷设计者把要评估的各方面的问题列举出来，每个问题后面给出几个评价性的术语，评估者只要从中选择一个或几个，最后再写几句意见或评论即可。问卷可以现场手动填写也可以通过网络进行填写

续上表

评估方法	效果介绍
面谈	会议结束时邀请部分调查对象集中或分别面谈，征求他们对会议的意见和评价。但是需要注意，这种方法只能对会议进行定性评估
电话调查	行政文秘工作者可以在会议结束后通过电话的方式，向与会人员征求意见，了解他们对会议的看法
现场观察	在会议现场或在各个活动场所派人观察会议和各个活动的进行情况，并观察与会者和活动参加者的反应，从而做出对会议的评估
述职报告	会议结束后，让会场中所有的工作人员对自己在会议中所做的工作进行报告，从而侧面了解会议的情况

在以上的方式方法中，最常用的是调查问卷，常见的会议质量调查问卷如下所示。

实用范本 会议质量调查问卷

亲爱的与会者及嘉宾：你们好！为使公司的会务服务能够更好，现在正进行会议服务质量满意度调查。内容涉及会前筹备、会中接待服务、会后宣传等方面，希望能够得到您的积极配合和大力支持！我们将及时受理您的意见，落实到具体工作！

本调查问卷不需填写个人姓名，答案没有正误之分，您只需根据自己的实际情况在合适的答案上打上"√"，在空白栏填上适当内容即可。

最后，祝您身体健康，阖家欢乐。

1. 您对会议的接站服务和送行服务是否满意？

□很满意　　□满意　　□基本满意　　□不满意　　□很不满意

意见：_____

_____

2. 您认为报道注册是否方便、快捷？

□是　　　　　　　　　□否

3. 您认为报道注册表版面设计和语言表达是否体现了人性化的要求？

□是　　　　　　　　　□否

4. 您认为会议主持人控制会场的方式是否科学？

□是　　　　　　　　　□否

5. 您认为会议文件与资料数量是否适中？

□是　　　　　　　　　□否

6. 您对会议安保工作是否满意？

□很满意　　□满意　　　□基本满意　　　□不满意　　　□很不满意

意见：_____

_____

7. 您对餐饮工作的安排是否满意？

□很满意　　□满意　　　□基本满意　　　□不满意　　　□很不满意

意见：_____

_____

8. 您对会场引导、咨询、服务和指示系统是否满意？

□很满意　　□满意　　　□基本满意　　　□不满意　　　□很不满意

意见：_____

_____

9. 请您对会议服务工作提出建议：

_____

_____

3.3 接待工作展现企业整体形象

在企业发展的过程中，接待工作是不可避免的。客户来企业考察、合作，其他企业来企业考察以及投资融资活动等都有可能涉及接待工作。接待工作往往会给被接待者留下对企业的第一印象，这个印象也就代表着企业的形象，因此要做好企业接待工作。

3.3.1 制订接待计划，明确工作重点

在明确企业近期需要发生接待业务以后，首先需要了解接待对象的基本信息，如接待对象的背景信息，这样有助于接待计划的制订。

在接待客人前，尤其是重要的客人，应当制订好一份详细的接待计划，避免到时接待工作混乱，给人一种不重视的感觉。通常情况下，接待计划应当包括三部分内容，具体介绍如下。

（1）明确计划缘由、背景、重要性

接待计划的作用是让参与接待工作的人员了解如何开展接待工作。因此，写清楚接待的缘由、背景和重要性十分必要，这些信息就相当于接待工作的指导思想。

例如，为了安排 ×× 贸易公司董事长及代表来访公司洽谈合作事项，特制订如下接待方案。

表明接待的重要性，有利于让相关人员引起重视，提升服务质量。此外，对于不同重要性的客户，对应的接待标准也会存在差异，因此需要在计划中表明接待对象的重要性。

（2）明确接待原则

接待原则是指负责接待工作的相关员工在接待工作中应当遵循的原则，

见表 3-7。

表 3-7　接待工作应遵循的原则

原　则	具体介绍
平等原则	无论来宾的职位、级别高低，都要平等对待，表现出对来宾的尊重，不卑不亢，落落大方
节约原则	接待工作虽然是欢迎来宾，但是也应把控标准，不能过于铺张浪费，增加不必要的开支
周到原则	接待过程应当衔接紧密，接待方式完善，使客人感受到周到、热情的接待服务
保密原则	在向来宾介绍公司情况的时候，应当避免介绍公司内部的机密信息，巧妙回避不易回答的问题

（3）明确接待的步骤及措施

明确接待的步骤及措施就是对接待工作的具体内容进行细致介绍，让参与接待的人员知道应当如何操作。这部分主要需要明确三方面的内容。

① 确定接待步骤。确定接待步骤主要包括确定参与接待工作的人员、确定接待流程等内容。

② 确定接待措施。确定接待措施就是确定具体的接待方式、标准，这部分内容需要尽量细化，方便接待人员遵照执行。

③ 突发事件的处理。接待工作开展的过程中可能出现许多意外情况，例如来宾受伤、发生意外或者发生其他意外情况，应当提前做好应对突发事件的应急预案。

下面具体来看某公司的接待计划。

实用范本　××公司董事长及代表来访接待计划

一、接待时间

20×× 年 ×× 月 ×× 日至 ×× 日。

二、接待地点

接送机地点：××国际机场

下榻酒店：××国际大酒店

三、接待对象

××公司董事长及代表等一行15人。

四、接待负责人员

跨部门接待小组：董事长，秘书组张某，宣传组刘某。

五、参观地点

1. 公司总部。

2. ××国际大酒店宴会厅。

3. 公司历史纪念馆。

六、接待前期准备工作

1. 收到到访洽谈信息，协调时间，予以回复。

2. 返回机票预订，至少提前20天预订商务舱。

3. 食宿安排，至少提前半个月预订。

4. 迎接车辆安排，迎接外宾采用公司最高级别。

以上的接待计划范本中，分别介绍了接待时间、接待地点、接待对象和负责人等信息。这些信息能够帮助接待工作者做好接待准备工作及行程安排。

3.3.2 招待费用预算管理

招待费用主要是指业务招待费，是企业为业务经营的合理需要而支付的招待费用。

要想规范企业招待费用的开支，就需要做好招待费用的预算管理，避免不合理的招待费用开支。一般情况下，招待费用主要包括以下四种。

①因企业生产经营需要而宴请或工作餐的开支。

②因企业生产经营需要赠送纪念品的开支。

③因企业生产经营需要而发生的旅游景点参观费、交通费及其他费用的开支。

④因企业生产经营需要而发生的业务关系人员的差旅费开支。

下面具体来看常见的招待费用预算表，见表3-8。

实用范本 招待费用预算表

表3-8　招待费用预算表

年　　　月　　　日

序　号	类　别	费用预算明细	合计金额	备　注
1	住　宿			
2	午、晚餐			
3	现场参观			
4	旅游观光			
5	礼　品			
合　计				
部门负责人意见				
分管副总裁意见				

制表人：　　　　　　　　　　　　　　审核人：

下面具体来看某公司的业务招待费用管理制度。

实用范本 业务招待费用管理制度

第一条　本公司有关客户、供应商、融资方及其他外部关系者的交际费、接待费和招待费（以下简称"接待费"）的开支一律按本规定执行。

第二条　有关接待费的申请、批准、记账和结算等，一律按本规定的手续办理。凡不按本规定办理者，任何对外接待与交际的开支费用，本公司概不负责。

第三条 无论部门经理，还是业务人员，一律按本规定执行，不得擅自或任意动用接待和交际费用开支。但是，本规定允许业务接待人员委托代理人办理必要的手续。

第四条 使用接待费注意事项：

1.必须注意接待费支出项目与接待用途及目的一致。公司的营业、采购、融资及其他经营，有其他的目的性，任何接待上的开支不得背离经营上的目的与要求。

2.接待费用开支，必须本着最小支出、最大成果的原则。充分考虑和认清这一次接待的目的和接待的方法，合理接待，有效使用经费开支。

3.各级负责者或主管领导，必须充分审核每一次接待任务与接待方式，给予接待任务的担当者以适当的指示。

第五条 每个部门都必须分别进行预算，并在预算范围内开支。预算按过去的平均业绩的5%来确定。

第六条 接待次数原则上每人每月不得超过4次，但是100.00元以下的开支不在其列。同样内容与对象的接待应尽量避免，不要重复接待。

第七条 对重要的关系户要设立接待卡，详细记载其嗜好、兴趣与特点等。有关接待卡的填写与保管，另行规定。

第八条 接待目的按下列原则分类，并在"接待申请及报告书"上写明规定的"接待目的"。

1.执行新交易伙伴关系户。

2.庆祝合作关系的建立。

3.销售收入提高后的致谢。

4.出访时的请客。

5.来访时的接待。

6.接纳各种建议后的致谢。

7.达到各种目的后的致谢。

8. 重要节日或庆典。

第九条　接待按对象、目的及场合，分以下三档：

1. A 档（特大重要和重大的接待）。

2. B 档（比较重要和重大的接待）。

3. C 档（一般的接待）。

第十条　接待场所根据接待档次确定，分"高""中""低"三类场所。

1. 高（适合于 A 档接待规格），主要指高级饭店、餐馆和美食中心。

2. 中（适合于 B 档接待规格），略低于"高"档水平的中高档餐馆。

3. 低（适合于 C 档接待规格），主要指中低档大众用餐场所。

第十一条　接待当事人根据具体情况，判断是否需要接待或招待。若要接待，需根据权限标准向领导正式提出申请（可电话申请，但事后两个工作日内需补交申请单，否则作无报销处理）。

第十二条　部门经理根据申请表内容进行审核，批准后才可执行。组长审批权限为单次 200.00 元内，部门主管审批权限为单次 500.00 元内。超过审批权限，必须上报总经理批准。

第十三条　接待费由财务部直接支付给申请人。财务部依据申请内容以及相应的接待档次与场所借支给申请人（电话申请不给予借支）。申请人应在两周内，将发票凭证连同批准后的申请书交至财务部报销结算。

以上规定中列明了接待工作可能的接待原因，以及不同接待对象的档次和具体标准。这样有利于相关接待人员按照规定的标准开展接待工作，避免超出接待预算。

3.3.3　接待访客咨询的技巧和礼仪

礼仪是人类为维系社会和谐，保证正常生活而要求人们共同遵守的最起码的道德规范。而企业中的行政接待人员或是文秘工作者则更需要注意接待的礼仪，也能从侧面展示出企业的形象。

在企业日常工作中可能出现两种情况的接待，一种是事先预约的接待；另一种是没有事先预约，突然到访的。但是，无论来访者是否事先进行预约，接待人员对待来访的人员都应当热情有礼。

下面是整个接待流程可能会涉及的具体接待礼仪。

（1）迎客的礼仪

迎客主要是来访者来到企业的初次接待礼仪，做好这一阶段的接待有利于给对方留下一个好的印象。

客人到来，就应当立刻停下手中的工作，向客人打招呼，问候致意并作自我介绍，整个过程应当保持站立姿势。

如果到访的客人是事先约好的，可以这样说："您好，赵总，我是刘总的秘书王某，刘总现在正在等您。"

如果不是事先约好的客人，接待人员就需要问清楚对方的具体信息及来访目的。可以这样说："您好！这里是总经理办公室，我是总经理秘书王某。对不起，请问您贵姓？贵公司是？您这次到访主要为了什么事呢？"。了解清楚以后，可以让对方稍等，然后立即向相关领导报告。

如果拜访对象现在不方便接待，则需要让客人先等待一段时间。秘书应说明原因，不能让客人受冷落。可以说："对不起，刘总现在正在处理公司内部一件十分重要的事，请您稍等一会儿。"

然后应当安排合适的休息场所让客人能够坐下休息、等待，并为客人提供茶水、书报杂志等。

（2）招待的礼仪

在引导或陪同客人去面见领导时，到达接待室后应将客人引至上座的位置上。引导就座时应当优选单人沙发，通常沙发椅优于普通椅子，较高的座椅优于较低的座椅，距离门远的为最佳的座位。

奉茶待客时，应该为客人准备如茶水、咖啡或饮料，通常以茶待客的方式较多。因此，应掌握必要的敬茶礼仪，见表3-9。

表3-9　敬茶礼仪

相关礼仪	具体介绍
奉茶的方法	上茶应在主客未正式交谈前。正确的步骤是：双手端茶从客人的左后侧奉上。要将茶盘放在临近客人的茶几上，然后左手拿着茶杯的中部，右手托着杯底，杯耳应朝向客人，双手将茶递给客人同时要说"您请用茶"
奉茶的顺序	上茶应讲究先后顺序。一般情况下为先客后主，先女后男，先长后幼
奉茶的禁忌	尽量不要用一只手上茶，尤其不能用左手。切勿让手指碰到杯口。为客人倒的第一杯茶，通常不宜斟得过满，以杯深的2/3处为宜。继而把握好续水的时机，以不妨碍宾客交谈为佳，不能等到茶杯见底后再续水

（3）鞠躬礼仪

在接待工作中经常需要使用到鞠躬，鞠躬是比较常见的礼仪，使用的场合也比较多。

①鞠躬适用于庄严肃穆或喜庆欢乐的仪式场合。

②日常生活中学生对老师、晚辈对长辈、下级对上级、表演者对观众等都可行鞠躬礼。

③领奖人上台领奖时，向授奖者及全体与会者鞠躬行礼。

④演讲者也用鞠躬来表示对听众的敬意。

⑤遇到客人或表示感谢或回礼时，或是遇到尊贵客人，这时可行鞠躬礼。

行政文秘工作者应当掌握基本的鞠躬动作要领，这样更能彰显企业的专业性。

①行鞠躬礼时面对客人，并拢双脚，视线由对方脸上落至自己的脚前1.5 米处（15°）或脚前 1 米处（30°）。男性双手放在身体两侧，女性双手合起放在身体前面。

②鞠躬时必须伸直腰、脚跟靠拢、双脚尖处微微分开，目视对方。然后将伸直的腰背，由腰开始的上身向前弯曲。

③鞠躬时，弯腰速度适中，之后抬头直腰，动作可慢慢做，这样令人感觉很舒服。

（4）接待工作涉及的其他日常礼仪

除了前面介绍的常用接待礼仪外，在接待工作中有时还需要涉及引导礼仪。主要包括楼梯引导礼仪、电梯引导礼仪、客厅引导礼仪及走廊引导礼仪，具体介绍见表 3-10。

表 3-10　接待工作中的引导礼仪

引导礼仪	具体介绍
楼梯引导礼仪	引导客人上楼时，应让客人走在前面，接待工作人员走在后面；若是下楼时，应该由接待工作人员走在前面，客人在后面。上下楼梯时，应注意客人的安全
电梯引导礼仪	引导客人乘坐电梯时，接待人员先进入电梯，等客人进入后关闭电梯门；到达时，接待人员按"开启"按钮，让客人先走出电梯
客厅引导礼仪	客人走入客厅，接待工作人员用手指示，请客人坐下，客人坐下后，行点头礼后离开。如客人错坐下座，应请客人改坐上座（一般靠近门的一方为下座）
走廊引导礼仪	接待工作人员在客人两三步之前，客人走在内侧

工作梳理与指导

会议管理工作流程

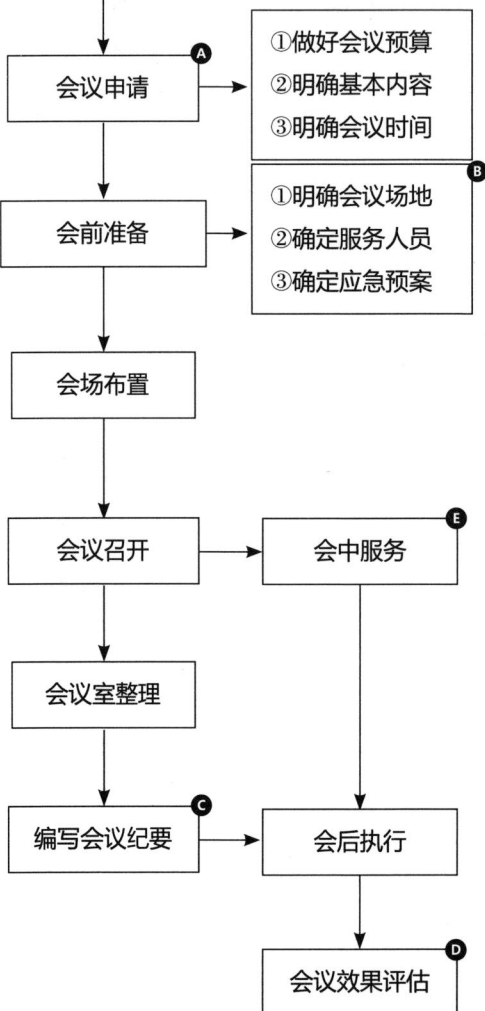

会议申请 **A** →
- ①做好会议预算
- ②明确基本内容
- ③明确会议时间

会前准备 →
- ①明确会议场地 **B**
- ②确定服务人员
- ③确定应急预案

会场布置

会议召开 → 会中服务 **E**

会议室整理

编写会议纪要 **C** → 会后执行

会议效果评估 **D**

接待工作管理流程

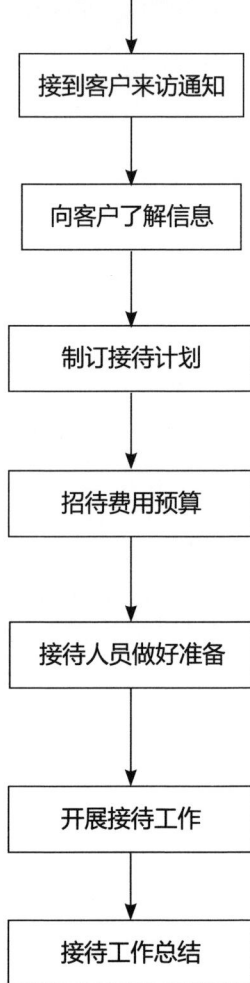

接到客户来访通知

向客户了解信息

制订接待计划

招待费用预算

接待人员做好准备

开展接待工作

接待工作总结

流程梳理

按图索骥

🅐 通常情况下企业内部的某一部门或是某些活动需要召开会议，都需要进行会议申请，会议申请通过后才能着手进行会议筹备。会议申请需要标明召开会议的原因、时间点、会议基本内容及会议预算。

🅑 会场服务人员的选择根据不同情况有不同的选择方式。如果是在企业内部召开的会议，通常会从企业内部挑选一些人员进行会议服务；但是如果与重要客户讨论较为机密的内容，可能会安排一些外部的服务人员。此外，如果是租用外部的会议场所，有的场所会配套提供一些会议服务人员。

🅒 前面介绍过，会议纪要是在会议记录的基础上编制的，这就要求企业安排相应的人员进行会议的记录。会议记录可以采用手写记录、打字记录或是录音录像进行记录。通常简短的会议会选择手写或是电脑记录，大型会议或是内容较多的会议，则需要通过录音、录像的方式进行记录。

🅓 会议评估的意义较多，不仅能够通过会议评估了解当前会议开展的具体情况，还能够了解会议开展存在的问题，进行总结归纳，为以后会议活动的开展提供依据。因此会议评估的结果需要进行归纳，必要情况下还需要组织会议相关工作人员交流存在的问题。

🅔 会议现场服务的工作人员同样需要具备一定的礼仪修养，必要情况下还需要组织相关服务人员进行服务能力培训，提升会议服务质量。

答疑解惑

问：公司因为业务需要，在多地分布有办事处，我应当如何组织一次远程会议呢？

答：远程会议与面对面的会议不同，一旦通话连接成功，没有人愿意浪费时间。在会议结果没有明确计划或执行内容的情况下，很难随意离开或再次安排远程会议。下面具体来看组织流程：①准备远程会议。要确保远程会议顺利召开，取得不错的效果，就需要做好准备工作。明确参会人员、日程安排、议程和技术支持，其中技术支持是较为重要的，应当事先准备多个远程会议工具，避免突发情况导致远程会议工具失效。②在参会者之间划分角色，包括引导员、计时员和会议记录员，这有助于参会者融入会议，为会议的预期结果设定明确的期望，确保会议目标实现。③会议结束后，进行会议跟进，提醒参会者此次会议要点，以此提高会议效率、强调会议重要性，并确认会议执行项是否正在进行中。

答疑解惑

问：我是初次负责企业的会议组织工作，请问会议开展过程中有哪些注意事项？

答：会议开展过程中，文秘工作者看似轻松，其实不然。会议开展过程中更需要集中精力处理好以下注意事项：①会议记录注意事项。安排好专职的会议记录员，对参会人员的发言进行记录（特别是讨论性质的会议），记录内容会后留底。②会议服务注意事项。安排专人（会议组织人员或物业人员）负责茶水服务，举办大型会议或视频会议时，安排专人负责操作麦克风、调音台、投影仪及视频设备等。③其他注意事项。参会人员就座后提醒全部参会人员关闭手机或调成静音，会议时间较长时，可适当安排中途休息时间。

实用模板

会议成果评估表	企业会议管理制度	前台来访客人登记表
会议费用预算表	会议室使用申请表	公司宣传信息审批表
会议签到表	会议议程表	公务接待审批表
会议审批制度	会议经费预算报告审批表	来宾出入登记表
会议通知	关于召开年度总结会议的通知	前台接待日志表
活动室使用申请表	接待客户申请及报告书	

第4章

做好行政管理，确保日常事务有序

行政文秘工作者不仅要处理好各项企业活动，办公室日常事务的管理同样需要引起重视，良好的内部管理对提升企业效率至关重要。主要包括日常管理、印章和证照管理、保密工作及突发事件管理等，确保企业日常办公活动顺利开展。

4.1 办公日常事务高效管理

办公场所是企业员工的主要工作场所，办公场所的管理是否高效很大程度上决定了企业的办公效率是否高效。因此，做好企业日常事务管理是至关重要的。

4.1.1 办公现场 5S 管理规范

5S 现场管理法是一种现代企业管理模式。5S 即整理（seiri）、整顿（seiton）、清扫（seiso）、清洁（seiketsu）和素养（shitsuke），又被称为"五常法则"。

5S 现场管理法的运作原理如图 4-1 所示。

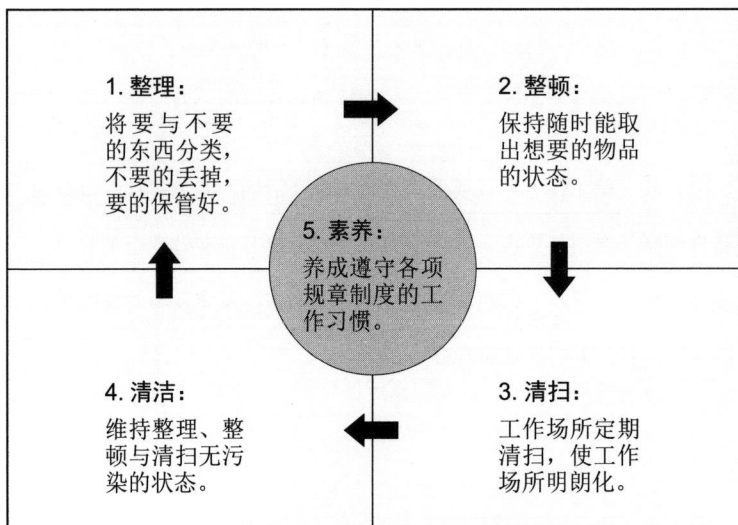

图 4-1　5S 现场管理法的运作原理

5S 现场管理法实际上就是通过管理规则逐渐让员工养成良好的工作习惯，下面具体介绍 5S 现场管理法的各个步骤。

（1）整理

整理工作主要是区分要与不要的物品，现场只保留必需的物品。主要分为三点，一是改善和增加作业面积；二是保障现场无杂物，行道通畅，提高工作效率；三是减少磕碰的机会，保障安全，提高质量。

因此，首先应当要求将办公场所内与办公无关的物品进行清理，保持一个简洁的工作环境。

（2）整顿

整顿是指必需品依规确定方位、方法摆放整齐有序，明确标示。主要是在上一步的基础上对保留的物品进行整理、规范。这样可以不浪费时间寻找物品，提高工作效率和产品质量，保障生产安全。

整顿工作的操作要点如下。

①物品摆放要有固定的地点和区域，以便于寻找，消除因混放而造成的差错。

②物品摆放地点要科学合理。例如，根据物品使用的频率来看，经常使用的东西应放得近些（如放在作业区内），偶尔使用或不常使用的东西则应放得远些（如集中放在车间某处）。

③物品摆放目视化。使定量装载的物品做到过目知数，摆放不同物品的区域采用不同的色彩和标记加以区别。

（3）清扫

清扫工作需要定期开展，清除现场内的脏污、作业区域的物料垃圾，有利于保持现场干净、明亮。

清扫工作的要点如下。

①自己使用的物品，如设备、工具，要自己清扫，而不要依赖他人，

不增加专门的清扫工。

②对设备的清扫，着眼于对设备的维护保养。清扫设备要同设备的点检结合起来，清扫即点检；清扫设备要同时做设备的润滑工作，清扫也是保养。

③清扫也是为了改善。当清扫地面发现有飞屑和液体泄漏时，要查明原因，并采取措施加以改进。

（4）清洁

清洁就是将整理、整顿、清扫实施的做法制度化、规范化，维持其成果，其目的是将让办公环境保持最佳状态。

清洁工作的工作要点如下。

①办公环境不仅要整齐，而且要做到清洁卫生，保证员工身体健康，提高工作热情。

②不仅物品要清洁，而且员工本身也要做到清洁，如工作服要清洁，仪表要整洁，及时理发、刮须、修指甲和洗澡等。

③员工不仅要做到形体上的清洁，而且要做到精神上的"清洁"，待人要讲礼貌、要尊重别人。

④要使环境不受污染，进一步消除浑浊的空气、粉尘、噪声和污染源，消灭职业病。

（5）素养

素养是通过前面的步骤进行循环，让员工逐渐养成按章操作、依规行事的良好习惯，使每个人都成为有教养的人。

努力提高员工的自身修养，使员工养成良好的工作、生活习惯和作风，让员工能通过实践 5S 管理法获得人身境界的提升。与企业共同进步，是 5S

管理法的核心。

知识扩展 6S、8S 和 13S 管理法

　　6S 管理法在 5S 管理法"整理、整顿、清扫、清洁、素养"的基础上增加了"自检"，即每日下班前作自我反省与检讨。

　　8S 管理法就是在 5S 管理法的基础上增加了安全（safety）、节约（save）和学习（study）。目的是使企业在现场管理的基础上，通过创建学习型组织不断提升企业文化的素养，消除安全隐患、节约成本和时间。

　　13S 管理法就是在 5S 的基础上增加安全、节约、服务、满意、坚持、共享、效率及学习。

　　下面具体来看某企业的办公室 5S 管理规范。

实用范本 办公室 5S 管理规定

　　为提高员工自身素质，营造洁净、整齐、合理的工作环境，展示优秀的企业形象。现对企业管理制定 5S 管理规定，请大家遵照执行。

　　一、适用范围

　　本制度适用企业所有部门。

　　二、管理职责

　　1. 各部门负责各自办公区域的日常管理，保持现场清洁有序。

　　2. 行政人事部每周对各部门现场进行检查并考核。

　　3. 部门总监为第一责任人，行政人事部检查发现问题后，向该部门发出整改通知。

　　三、办公室现场管理

　　1. 整理要求。

　　①办公桌上没有与工作无关的物品放置。

　　②工作中的相关文件、记录分类摆放整齐、填写清楚无误。

　　③地面没有纸屑、杂物等。

　　④文件夹明确标识，整齐放置。

⑤私人物品放在抽屉内，尽量不放贵重物品。

⑥电脑、电器等的电源线都束好，不杂乱无章抛落在地上。

⑦没有说笑打闹现象。

2. 整顿要求。

①文件、记录的存放按不同内容分开存放并详细注明，档案柜贴有标签。

②工作区内的椅子摆放整齐，不用时放回桌洞内。

③文件柜内的物品分类摆放好，文件夹应标有目录，方便查找；文具应摆放整齐，不得摆放其他物品；文件柜顶不得放置其他物品。

④通道上不可放置物品。

3. 清扫要求。

①地面无灰尘，无碎屑、纸屑等杂物。

②墙角、电脑等下面为重点清扫区，保持干净。

③地面上沾染的赃物及时清洗干净。

4. 清洁要求。

办公区卫生设有专门的保洁人员，公共区域的通道、卫生间及各办公室地面由公司安排的保洁人员打扫，个人办公区域卫生各自负责。

①办公桌、门窗等无灰尘、无油污。

②地面保持无灰尘、无油污。

③清洁用具保持干净。

④不做与工作无关的事。

⑤严格遵守执行企业的各项规章制度。

⑥按时上下班，按时打卡，不早退，不迟到，不旷工。

⑦桌面文具、文件摆放整齐有序。

⑧桌面物品都是必需品；传真机、复印机内纸张齐备。

⑨电源、线路、开关及插座没有异常现象出现。

⑩办公桌、电脑及其他办公设施干净无尘。

5. 素养要求。

①按规定穿戴服装（深色西服套装、套裙、白衬衫和深色皮鞋）。

②对上级及来宾保持礼仪。

③不随地吐痰，不随便乱抛垃圾。

④上班时间不进食，如早餐零食。

⑤上班时间不看报纸、杂志等与工作无关的刊物。

⑥各部门人员下班后必须锁好门窗。

该制度从5S管理办法的角度出发，分别对整理、整顿、清扫、清洁和素养等方面的要求进行了具体介绍。此外还规定行政部定期进行检查，确保制度内容落到实处。

4.1.2 办公用品的保管与盘点

办公用品主要是指日常办公中需要用到的各种物品，通常由各部门提出采购申请，统一采购后应当安排专人进行保管并且定期盘点。

（1）办公用品的保管

不仅专人保管、定期盘点，还需要对办公用品管理员的工作职责进行具体规范，防止管理人员因保管不当或监守自盗导致办公用品不足或是出现损坏，使得企业遭受损失。

①保管员应按照规格、数量和质量对采购员购入的办公用品进行验收，严把质量关，并进行登记、入账、入库和保管。

②保管员要将库房内的物品合理摆放，乱堆乱放导致物品损坏的由管理员赔偿。

③保管员要定期检查库房内的用品，防止用品损坏、变质或变形，并对存货进行整理、整顿和修理。

④保管员需要定期（一季度或半年）清理库存，做到账物相符，还要根据库存和需求情况定期制订采购计划。

⑤保管员要定期清理变质、过期的物品，注意防止物资积压，努力压缩库存、节约资金。

⑥保管员应分开存放常使用与不常使用的办公用品，要尽量方便日后拿取。

（2）办公用品的盘点

办公用品需要定期清理库存，盘点库存状况，防止物品损坏，通常是一季度或半年盘点一次。办公用品盘点主要是对比账和物，一旦出现账物不符的情况，要及时找出原因，对管理人员进行适当惩罚。

那么在进行库存盘点时究竟需要注意些什么？常见的盘点方法有哪些呢？下面进行具体介绍。

①通过比较现有存货量和过去存货量的差别，发现问题。若相差较大，行政管理人员需要调查存货被大量使用的具体原因。

②行政管理人员可以通过办公用品盘点表来调查办公用品的存货量。

③若办公用品是由办公用品负责人进行分配的，则办公用品负责人应定期比对、检查存货量与账簿上登记的数量是否相符。

④若办公用品为日常用具和办公设备附件，则行政管理人员在盘点时需要检查其是否完好，并且明确办公用品的管理人员、使用部门等。

⑤为了方便对办公用品进行盘点，办公用品负责人需要在各种办公用品上贴上管理标签，标明序号。

下面具体来看某企业的办公用品盘点表，见表4-1。

实用范本 办公用品盘点表

表4-1 办公用品盘点表

编号：　　　　　　　　　　　　　　　　　　　　年　　　月　　　日

编号	名称	规格	单位	单价	上期结余		本期购进	本期领用	本期结余		备注
					数量	金额			数量	金额	

财务主管：　　　　　　　　行政主管：　　　　　　　保管员：

4.2　印章与证照管理要点

印章和证照是企业中的重要物品，需要进行妥善保管，避免因为管理和使用不当给企业造成损失。

4.2.1　印章的保管和使用

印章启用后应当由专门的人员负责保管印章，避免出现印章滥用、私用或丢失的情况。

◆ 印章的保管

行政管理人员在选择印章保管人员时，应挑选责任感强、保密观念强和敢于坚持原则的人员，并与之填写印章保管委托表（见表4-2），以明确保管责任。

实用范本 印章保管委托表

表 4-2　印章保管委托表

年　　　月　　　日

印章名称				
印章保管委托人				
委托人职务				
委托保管期限				
接受委托保管人	保管人职务	身份证号		有效联系方式

分管领导：　　　　　　部门负责人：　　　　　　经办人：

在实际工作中，印章管理人员可以结合印章保管责任书进行规范。

实用范本 印章保管责任书

印章保管责任书为了加强对印章的管理，公司授权（××部门）（××员工）负责保管××有限公司印章，并负责该印章的施印工作。遵照公司印章管理规定的有关要求，特制定本责任书。

一、印章专管员应有较好的思想素质，忠于公司

1.印章专管员应有较强的责任心、事业心，原则性强，办事有公心。

2.印章专管员应认真学习和贯彻公司的印章证照管理制度，遵章守法，严格按国家有关法律法规和公司各项管理制度办事。

3.印章专管员要自觉提高自己的业务能力。

二、印章专管员必须严格遵守以下具体规定

1.必须认真保管好印章，确保印章不因保管不善而损坏和遗失。防止他人盗用、骗用。

2.必须严格按照用印审批程序和领导审批权限用印。

3.无相关权限领导批准，印章专管员不得委托他人代盖印章，不得随意将印章带出办公室或交他人拿走使用。

4. 未经法人代表书面批准，不准在空白的函件、信签纸等空白纸张上施印。

5. 印章带出使用应由印章专管员本人书面报法人代表批准或授权后方可带出使用。

6. 印章专管员必须做到印章使用登记率100%，差错率为0。

三、印章专管员拥有的权利

1. 在施印时有权对所印文字的内容认真审阅（投标书除外），用印盖章位置要准确、恰当，印迹要端正清晰，印章的名称与用印件的落款要一致，不漏盖、不多盖。介绍信、便函及授权委托书要有存根，要在落款和骑缝处一并加盖印章。重要文件要留存用印后的复印件。

2. 对不符合审批程序或超越审批权限的用印需要，有权要求用印人重新办理有关审批手续。

四、印章专管员承担的责任

1. 因自身管理原因遗失、损坏印章，应承担行政责任和相应的经济赔偿。

2. 未经权限领导或不按权限领导批示擅自用印，由印章专管员负全责；给公司造成经济和社会信誉损失的，承担相应的经济和法律责任。

五、特殊情况的处理

保管责任人在施印过程中有不清楚的问题和特殊情况应及时向公司印章管理权限领导请示。

六、生效时间

本责任书一式三份，公司印章管理部门、公司印章管理权限领导和保管责任人各执一份，签字后生效。

通过制度的形式将印章保管的相关要点和规范进行明确，有助于相关管理人员按章办事，事后有章可循。

◆ 印章的使用

印章管理需要行政管理人员特别重视，要求印章使用者严格履行印章使用审批手续，并进行登记。印章管理人员在他人使用印章时应做好以下几项工作，见表4-3。

表 4-3　印章管理人员应做好的印章管理工作

事　项	具体介绍
检查批准签字	在他人使用印章前，印章管理人员应检查是否有相关负责人批准使用印章的签字。印章的使用应由企业的相关负责人批准
审阅使用印章内容	印章管理人员不能不看内容就盲目盖印。除了要审核内容，印章管理人员还要检查留存材料是否交全。例如，对于协议书、合同，印章管理人员应保留一份文本
印章使用登记	企业员工每次使用印章时都必须进行登记，登记项目包括使用日期、印章编号等
加盖印章	对公文、函件经过上述审查、登记以后，印章管理人员即可按要求加盖印章
整理留存文件	印章管理人员应将留存材料进行编号整理、归档，对其中具有查考价值的，要在年终整理立卷时归档保存
正式印章使用规范	印章管理人员应保证不会出现盖有印章的空白凭证，否则将承担相应责任

下面具体来看印章使用登记表，见表 4-4。

实用范本 印章使用登记表

表 4-4　印章使用登记表

编号：　　　　　　　　　　　　　　　　　　　　　年　　　　月　　　　日

印章名称	使用日期	使用部门	份　数	印章用途	使用人	审核人	备　注

制表人：　　　　　　　　　　　　　　　　　审核人：

4.2.2　印章的停用、存档和销毁

当印章使用了一定年限，或是因为某些原因需要停用或更新印章时，就需要了解印章停用、存档和销毁的相关操作和注意事项。

（1）印章的停用

若企业因名称变更、撤销等原因要停止使用印章，行政管理人员应该按照相关规定和要求，认真做好印章停用后的各项工作。

①行政管理人员要发文给有业务往来的单位，通知其企业已停止使用印章，并说明停用的原因，标明停用的印模和停用的时间。

②行政管理人员要彻底清查所有的印章，不能在企业长期留存停用的印章，要将其及时送交颁发单位处理。

③当旧印章停用或作废并启用新印章时，行政部门要发布"旧章作废、启用新章"的通知。在通知中分别展示出作废的旧章印和启用的新章印，方便后续工作的开展。

知识扩展 印章停用注意事项

旧印章被停用后，便已失去原有的法人标志，不能作为现行企业职权和活动的凭证。当必须使用原企业名称时，也须使用新印章，不能使用旧印章。但相关人员可以到公证处进行公证，公证"××单位"就是"原××单位"。这样做既遵守了印章使用制度，又可顺利开展工作。

（2）旧印章的存档和销毁

旧印章停用后，行政管理人员应清查全部印章，并把清查结果报告企业领导，请领导审定旧印章的处理办法。

根据领导的批示，行政管理人员应将旧印章上缴颁发机构切角封存；

或由印章作废单位填制作废印章卡片，连同作废印章一起交给当地档案馆（室）立卷备查，再将作废印章销毁。

4.2.3 证照的管理工作标准

证照管理是企业管理的另一项重要工作，行政工作者需要明确管理的工作标准以及证照管理的责任等。下面分别从四个方面介绍如何进行企业证照管理。

◆ 证照管理的制度规范

在证照管理制度中，一是需要明确证照种类。主要可以分为四类，分别是企业类（法人营业执照、组织机构代码证等）、资质类（行业经营许可证、相关资质证书和高新技术证书）、荣誉类（荣誉认证、著作权证、专利证书和版权证书）以及其他证件（房产证、土地证）。

二是要明确相关责任，保管人员的责任是要妥善保管各类证照，做好防火、防盗和防损坏。未经批准，不得将证照转借他人，严格按照制度使用证照，严格登记使用记录。

证照使用人不得擅自使用证照进行担保，不得擅自挪作他用，使用期间不得转借他人。

对一般违规的，企业应处以通报批评和经济处罚，严重违规可以进行开除，情节严重的移交公安机关处理。

◆ 明确保管规范

保管方式要规范，应由专人负责保管。还需要建立证照档案，编制证照备案登记表，严格按照保管要求进行保管。

证照管理的过程中可能出现意外情况如证照丢失或损坏，证照管理人员要立即报告，并及时联系发证机关进行挂失或补办。

◆ 明确使用规范

要使用证照，需要填写证照使用申请表，相关领导审批、登记台账后方可使用。

需要注意的是，要使用原件必须经过总经理同意，使用复印件必须注明用途。

◆ 做好后期相关事项的办理工作

除了以上的工作内容外，有的证照还需定期进行检验、续期或变更，具体介绍见表4-5。

表4-5 证照的检验、续期及变更

内 容	具体介绍
检验内容	检验内容主要是依据法律法规定期检验或重新认定资格
续期内容	对于有效期限规定的证照，需要定期到发证机关进行续期
变更内容	企业的经营范围、服务内容、企业法人及注册资本等发生变更时要重新办理证照

下面具体来看某企业的证照管理制度。

实用范本 证照管理制度

一、目的

为加强所有证照原件及其申办原始资料、重要文件资料的管理，防止遗失并保证按时年检，特制定本制度。

二、下列证照及资料由专人负责统一保管

1.营业执照、许可证、批准证书、贷款证、外汇管理登记证、不动产权证、新药证书以及GMP（良好生产规范）认证证书等证照原件及其申办原始资料。

2.所有资信类文件，如验资报告、审计报告、评估报告和工商联合年检报告等。

3.重要文件，如合作项目合同书、投资项目合同书、公司成立合同书、章程和董事会任命文件。

4. 经董事会或总经理指定要求专管的文件资料。

三、机要员职责

公司设机要员一名，全权负责证照及重要文件资料的管理，其职责如下。

1. 建立证照资料目录及相应档案，以便及时查找。

2. 负责日常管理，保证证照资料的完好无损，防止任何情况下的遗失损坏。

3. 负责有关证照的申办、变更、年检和延期等工作。

4. 严格按照公司的有关制度办理有关借阅、借用和复印等工作。

5. 严格交接转移手续。

四、证照资料的借阅、借用和复印管理办法

1. 公司员工因工作需要必须借阅、借用和复印证照资料时，应先出具书面申请，写明事由及拟用证照资料名称、件数及归还期限等，经主管副总经理同意并签字确认后，可到机要员处办理相应手续。该主管副总经理如不在公司，可由其授权的其他负责人办理审批业务，但办理时，必须电话请示其同意。

2. 机要员仅凭主管领导签批的申请书办理借用、借阅和复印等业务，其他任何人员提出的任何要求，均不予受理。

3. 凡借阅、借用证照资料，必须在申请日期内归还。不能按时归还的应申请延期，手续与上述第四条第一款相同，但最长不得超过一个月。

五、违规责任

1. 凡因保管不善或借用、借阅手续不齐，导致证照及重要文件资料遗失的，由机要员承担补办费用及相关责任。

2. 凡因借用、借阅人过失而造成的证照资料遗失，由借用、借阅人承担补办费用及相关责任。

3. 如因机要员主观原因造成的证照逾期年检等行政罚款均由机要员自行承担。

可以看到，该制度首先明确了证照的管理范围，并且设专人保管证照。

证照的借阅、借用和复印需要遵循管理办法，出现问题需要承担责任，从而合理管理证照。

4.3 日常办公需注意的保密工作

保密工作对于企业来说是非常重要的，做好保密工作，是维护企业合法利益的有效渠道，是全体员工对企业发展应承担的责任和义务。

然而只依靠员工自觉往往是不够的，还需要加强保密工作的宣传与管理，确保保密工作顺利开展。

4.3.1 保密工作的事项及要求

保密工作并不是针对企业某一个人，而是针对所有涉及企业机密的员工，因此需要具体明确各个岗位员工的保密工作事项和相关要求。

（1）行政岗位保密工作职责

行政岗位主要负责处理企业的日常事务，涉及的信息面广，因此要重点明确其保密工作要点。

①在复印和借阅企业秘密文件、资料时，必须办理审批手续，复印件要同原件一样进行妥善保管。

②在涉外活动中，未经批准不得向企业以外人员泄露企业机密，不得让外来人员对计算机数据和文件进行拷贝或抄写。确因工作需要携带或邮寄涉及企业秘密的文件、资料等，应按规定先申请。

③应将秘密文件收藏在抽屉或橱柜，并随手关门，不要将秘密文件直接堆放在办公桌面上。

④起草文件过程中产生的废弃稿纸，不准随便乱扔，应及时销毁。秘密文件的成文草稿或多印件视同正式文件登记、保管、归档或销毁，相关数据信息也应一并销毁。

⑤对企业办公系统或其他内部平台账号不得互相知晓，每个人必须保证自己账号的唯一登录性。

⑥不要在网络上使用来历不明、引发病毒传染的软件。

（2）文秘岗位保密工作职责

文秘岗位会涉及企业大量的文书信息，其中可能涉及企业活动或经营机密信息，因此需要明确保密工作职责。

①一切秘密文件、电报、档案、资料、刊物、录音带、录像带和企业领导的笔记、信件等，必须严加保管，及时立卷归档。密件与普通件要分类存放；密件要存入保险柜，离岗时要上锁，关好门窗。

②收到密件要认真核对、登记，及时送领导阅批，或按规定妥善处理。因特殊情况代收秘密文件、密码电报和档案材料时，不得私自拆阅，并及时办好移交手续。

③按照规定范围对秘密文件、资料及网络数据进行单向传阅，遵循权限制度，不得横传，不得擅自翻印、摘抄转载或公开引用。

④发现密件丢失，要立即报告，并抓紧查找，采取补救措施。

⑤尚未公开的涉密的会议时间、地点、与会人员、内容及会议文件、资料、记录、录音和录像等，不得向外泄露。

⑥定期检查、清理、清退和销毁文件。销毁文件要执行登记、审批和监毁制度。严防将秘密文件、资料和文件底稿随同旧报纸等出售。

⑦对会议记录和有关文件、资料要严加保管，及时立卷归档。

⑧工作调动时，应将负责保管的文件、电报、资料及保密本等载体移交给组织指定的人负责接收，不准带走。

⑨对外发布信息，必须经过单位负责人审核批准后，才可发布。

（3）机要收发岗位保密工作职责

文件收发岗位会涉及企业中的往来机要文件，如果该岗位人员存在问题，则可能导致企业机密泄露，因此需要进行规范。

①切实做好秘密文件的登记、传递（分发）和管理工作，履行签收手续。采取数据分类、重要数据备份和加密等措施。

②分发文件要直送有关机要、秘书人员或领导同志签收，不得找人捎带或代收。递送文件要直达收文单位，不得托人捎带。

③凡亲启密件，送亲启者签收；如亲启者不在，交领导指定的人代收。

④外出递送绝密文件要坚持二人同行，做到文件不离人，人在文件在。

⑤禁止无关人员在机要室、收发室停留及翻阅文件、信件和其他文件。

⑥办公室内无人和下班时，要关好窗户，锁好门。

⑦从企业内部向境外传输技术性资料时必须符合我国有关法规。

⑧不得利用邮件服务做连锁邮件、垃圾邮件或分发给任何未经允许接收信件的人等。

（4）计算机岗位保密工作职责

计算机岗位涉及企业较多的电子机密信息，是企业需要进行保密规范的重点岗位。

①计算机机房要建立在安全地带，并采取切实有效的保卫保密措施。如禁止用计算机打游戏，以防计算机病毒感染。

②计算机房要健全外来人员的接待制度，进入机房的审批和登记制度。

③凡秘密数据的传输和存储均应采取相应的保密措施；录有文件的软盘信息要妥善保管，严防丢失。

④严禁私自将存有涉密文件的软盘带出企业，因工作需要必须带出的要经领导批准，并由专人妥善保管。

⑤存有文件的计算机如需送到机关外维修时，要将涉密文件拷贝后，对硬盘上的有关内容进行必要的技术处理。外请人员维修存有涉密文件的计算机，要事先征求有关领导批准，并做相应的技术处理，采取严格的保密措施，以防泄密。

⑥在计算机网络上传递信息，必须明件明传，明问明答；密件密传，密问密传，严禁明密混用。

⑦机房要建立计算机使用交接班制度，严格实行交接登记，保护保密资料不泄露。

⑧采取监测、记录网络运行状态、网络安全事件的技术措施，并按照规定留存相关的网络日志不少于六个月。

4.3.2　规范保密工作标准

企业各岗位保密工作的事项及要求只能够明确工作人员的工作职责和行为规范，但是要想具体规范保密工作的标准，就需要通过制度的形式明确权利和责任。

下面具体来看某企业的保密制度。

实用范本　企业保密制度

为保守企业秘密，维护企业利益，制定本制度。

一、全体员工都有保守企业秘密的义务。在对外交往和合作中，须特别注意不泄露企业秘密，更不准出卖企业秘密。

二、企业秘密是关系企业发展和利益，在一定时间内只限一定范围的员工知悉的事项。企业秘密包括下列秘密事项：

1. 企业经营发展决策中的秘密事项。

2. 人事决策中的秘密事项。

3. 专有技术。

4. 招标项目的标底、合作条件和贸易条件。

5. 重要的合同、客户和合作渠道。

6. 企业非向公众公开的财务情况、银行账户账号。

7. 董事会或总经理确定应当保守的企业其他秘密事项。

三、属于企业秘密的文件、资料，应标明"秘密"字样，由专人负责印制、收发、传递和保管。非经批准，不准复印摘抄秘密文件、资料。

四、企业秘密应根据需要，限定员工接触范围。接触企业秘密的员工，未经批准不准向他人泄露；非接触企业秘密的员工，不准打听企业秘密。

五、记载有企业秘密事项的工作笔记，持有人必须妥善保管。如有遗失，必须立即报告并采取补救措施。

六、对保守企业秘密或防止泄密有功的，予以表扬、奖励。违反本规定故意或过失泄露企业秘密的，视情节及危害后果予以行政处分或经济处罚，直至予以除名。

七、档案室、微机室等机要重地，非工作人员不得随便进入；工作人员更不能随便带人进入。

八、办公室应定期检查各部门的保密情况。

该制度首先明确了保密工作是企业所有员工都应承担的义务，然后明确了企业的保密事项包括哪些方面，再具体介绍了各方面的保密要求，以及违反保密要求的惩罚。

该制度内容较为简略，在实际工作中如果制订保密制度，应当将保密内容进行细化，让员工明白具体的操作规范，效果更好。

4.4 日常突发事件高效处理

在企业正常运营过程中，难免会因为一些情况导致一些突发事件，影响工作的开展。企业的行政文秘工作者则需要掌握突发事件的处理办法，尽快恢复工作。

4.4.1 了解突发事件的处理方法

企业出现突发事件是在所难免的，但是作为行政文秘工作者，应当想办法将突发事件的影响降到最低。

（1）突发事件处理的基本原则

在面对企业突发事件时，企业的管理者应当保持镇定，按照一定的原则处理突发事件。

① 果断及时原则。一旦发生事件，要及时进行处理，快速掌握情况，及时制定措施，果断应对处置。要区分不同情况，抓住主要矛盾，因情施策，因人制宜，及时疏导化解矛盾，及时平息事态。

② 疏导教育原则。对发生的突发事件要本着"宜顺不宜激、宜疏不宜堵、宜解不宜结、宜散不宜聚"的原则，合理进行解决。

③ 责任管辖原则。应对处置突发事件必须坚持属地管理、分级负责原则。在此原则下，还必须坚持谁主管、谁负责的责任意识，落实责任制度。

④ 预防为主原则。每一起突发事件的发生都有其自身的演变过程，在其演变过程中，及时化解矛盾才能达到最好的效果。这就要求企业各部门必须坚持预防为主原则，从源头解决问题。

（2）突发事件的处理步骤

突发事件是日常工作中可能遇到的紧急情况，有着非常大的不确定性和危险性。对办公室突发事件的处理，将直接影响到日常办公秩序的正常维持，乃至企业员工的生命财产安全，其重要性不容小视。

◆ 控制事态

出现突发事件后行政工作者要第一时间发现，控制事件的范围，避免其进一步扩大。

可以通过隔离的方式进行警戒，或是将员工转移到安全区域，减少突发事件的波及范围。

◆ 解决突发事件

处理突发事件时，应做到及时处理、尽快解决和沟通第一，尽量控制影响范围，综合考虑各种影响，客观公正地分析情况。

在分析的基础上，把握主要问题，制订合理的解决方案，确保突发事件能够有效解决。

◆ 善后总结

事件解决后，还要进行企业风险评估。理清分析思路，重新梳理企业内可能有风险的地点、可能引发矛盾的原因，并思考如何降低风险。

此外，也要检查基础设施，看电路、设备是否安全，消防通道否完备；检查企业流程，进行员工满意度调查、人员素质评估及流程优化工作。

4.4.2 突发事件的预防

通常突发事件在发生之前都是难以预测的，但是企业可以根据以往的突发事件经验，做好相应的预防工作，具体方法如下。

①加强员工教育。经常留意环境变化，发现问题及时向相关领导汇报，避免突发情况给企业财产或人员造成伤害。

②定期进行安全检查。确保企业工作场所安全，发现的安全隐患要及

时处理。

③加强监督。避免企业中的人为因素导致的各类突发事件,如员工冲突。

④完善企业突发事件应急预案,提前做好防患措施,在发生突发事件时,能够有效解决。

下面来看某公司的突发事件应急预案。

实用范本 突发事件应急预案

第一章　总则

第一条　为进一步贯彻落实《中华人民共和国安全生产法》《中华人民共和国食品卫生法》《中华人民共和国消防法》及北京市有关法规要求,切实做好公司预防和应对防火、防盗以及防食物中毒等突发事件的救援工作,保障全体员工在经营活动过程中的身体健康和生命财产安全,特制定本预案。

第二条　公司突发事件应急救援工作,遵循自救为主、统一指挥、分工负责、单位自救和社会救援相结合的原则。充分做到"快速反应、科学应对、分级负责"。

第三条　公司主要负责人和企管部负责预案的修订和监督指导工作。

第二章　突发事件应急预案的组织与职责

第四条　公司成立突发事件应急救援组织机构。应急救援组织由公司总经理全面负责;主管副经理负责具体应急救援组织协调、指挥和处理工作;企管部负责应急救援实施工作,包括发生突发事件的上报、联系地区相关部门以及配合主管领导做好救援及善后工作;其他各部门应积极参与、配合突发事件的应急救援及相关工作。

第五条　公司所属各分站及油库应建立突发事件应急救援组织机构,由所在各部门主要负责人全面负责,领导具体的应急救援协调、指挥及实施工作。包括发生突发事件的上报、联系地区相关部门以及做好相应的救援及善后工作;隶属各单位的其他人员应积极参与应急救援的实施工作。

第六条　公司所属各分站及油库应调拨或指定兼职应急救援人员。包括：现场主要负责人、安全管理人员、设备管理人员、后勤管理人员，以及救援所需的电气作业、机械设备操作的专业人员。

第七条 救援人员应具备现场应急救援救护的基本知识和技能，定期进行突发事件应急救援演练。现场应急救援组织需配备必要的应急救援器材、消防设备和医疗药品，并进行经常性的维修保养和补充，保证应急救援工作的正常进行。

第八条 各级突发事件应急救援组织应建立健全的应急救援档案。包括：应急救援组织机构成员名单和联系电话、上一级救援组织机构和社会救援机构的联系方式、救援基本技能学习培训、演练记录、应急救援器材、设备目录及维修保养记录以及事故应急救援记录等。

第三章 突发事件应急救援程序

第九条 根据公司相关规定，油库、各加油站应设立值班制度，保证24小时有管理人员值班。值班人要熟知公司及各加油站站长电话以及本地区社会救援机构的联系电话等。

第十条 突发事件现场处理程序：（略）。

第四章 突发事件应急救援预案人员的具体分工和职责

第十一条 加强领导，统一认识，以"安全第一、预防为主"的方针，严格遵守相关法律、法规和公司的各项安全规章制度，不得违章指挥、违章作业，全力做好应对突发事件工作。

第十二条 加强突发事件报告制度，发现事故必须在30分钟内按规定上报公司，决不允许迟报、瞒报和漏报。

第十三条 一旦发生事故，当事人要保护好事故现场，及时组织救援，尽量控制事态发展。根据事态发展，由公司负责人通知企管部拨打110、119，向国家相关机构求救。

第十四条 公司领导接到报案后应立即赶赴出事现场，指挥、协调处理相关事宜。

第十五条 一旦发生事故要坚持个人服从集体，局部服从全局的原则，确保损失降到最低。

工作梳理与指导

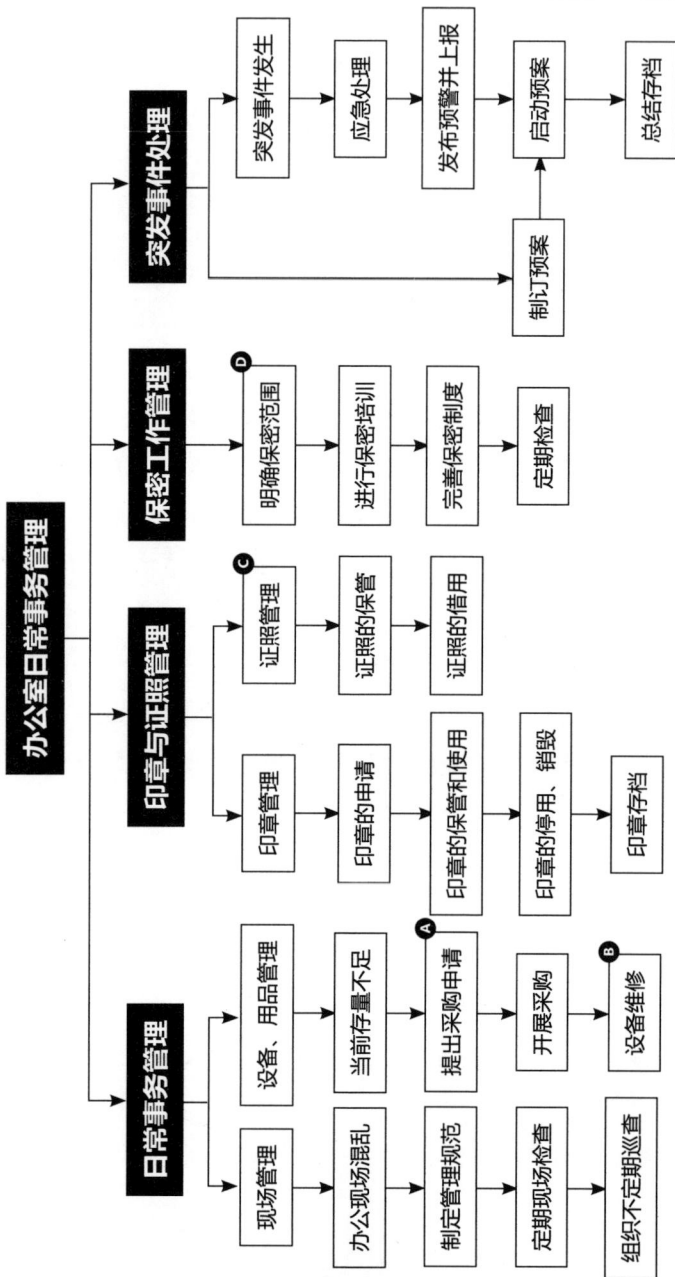

办公室日常事务管理

突发事件处理

突发事件发生 → 应急处理 → 发布预警并上报 → 启动预案 → 总结存档

制订预案 → 启动预案

保密工作管理

明确保密范围 (D) → 进行保密培训 → 完善保密制度 → 定期检查

印章与证照管理

证照管理 (C) → 证照的保管 → 证照的借用

印章管理 → 印章的申请 → 印章的保管和使用 → 印章的停用、销毁 → 印章存档

日常事务管理

设备、用品管理 → 当前存量不足 → 提出采购申请 (A) → 开展采购 → 设备维修 (B)

现场管理 → 办公现场混乱 → 制定管理规范 → 定期现场检查 → 组织不定期巡查

流程梳理

按图索骥

Ⓐ 如今网络购物比较发达，批量购买办公用品较为方便。根据企业结构不同，有的企业会要求相关采购人员负责采购工作，而一些小型的公司则没有单独的采购部门，通常由使用部门提出采购申请，领导批准后安排人员进行采购。

Ⓑ 办公设备对于企业来说十分重要，例如打印机、电脑等，同样会涉及采购工作。不仅如此，办公设备还会涉及管理和维修工作，确保办公设备处于正常运行状态，保证工作顺利开展。

Ⓒ 证照管理范围较为广泛，主要包括企业相关的一些重要证件、代表资质的营业执照、组织机构代码证、税务登记证、资质证、劳动执法合格证、社保登记证、个人职称证及岗位资格证等证件的管理。

Ⓓ 保密工作是一种自上而下的管理。首先，应当加强领导层的保密意识，使其认识到保密工作的重要性，从而提升保密工作的效果；其次，加强中层人员的保密意识培训，因为具体的工作需要中层管理者下达；再次，做好保密体系的规划建设及运行工作，让体系本身好用；最后，做好监督检查和奖惩，侧面保障体系如期运行。

答疑解惑

问：刚入职一家公司，需要管理办公室固定资产，具体应当如何管理？

答：初入一家公司，首先要弄清楚固定资产的具体情况，这样才能方便入手管理。①盘点现有资产尽可能详尽，（资产的使用部门、资产的运营情况是否正常、使用年限、购买日期及存放地点等）分类登记后，相关部门签字确认；②完善资产管理制度（申购、购买、出入库、报废、出售、调拨和盘点等），不光有制度，还要有流程。

问：公司印章分哪几种，分别有什么用途呢？

答：公司印章主要分为五种。①公章，用于公司对外事务的处理，工商、税务及银行等外部事务处理需要加盖；②财务专用章，用于公司票据的出具，出具支票时需要加盖，通常称为银行大印鉴；③合同专用章，顾名思义，通常在公司签订合同时需要加盖；④法定代表人章，用于特定的用途，公司出具票据时也要加盖此印章，通常称为银行小印鉴；⑤发票专用章，在公司开具发票时需要加盖。

问：大股东把持公章使公司的运营进入僵局，其他股东能否重刻公章？

答：公司股东之间，或董事长与总经理之间等因内部管理纠纷引发的印章争夺战，公安机关一般不会给予办理印章的丢失备案，即比较难以获得印章的重新刻制。而且即使重新刻制，公司还是会面临两枚印章具有同等法律效力的局面。

问： 公章外借他人使用，他人私下签订的担保合同是否有效？

答： 公司作为独立的企业法人，公司印章是其对外进行活动的有形代表和法律凭证。公司负责人或其他管理人员，经过公司授权后，只是印章暂时的持有者和保管者，其行使公司印章所产生的权利义务，应由该公司来承担责任，而不应由持有者或保管者承担责任。公司自愿将公司印章外借他人使用，应视为公司授权他人使用公司印章，该印章所产生的权利义务关系应由该公司承担。因此，公章外借他人使用并私下签订的担保合同有效，公司需要承担担保责任。

问： 公司办公室工作效率十分低下，但是员工看起来又十分认真，通常是因为哪些原因导致的呢？

答： 办公室工作的效率高低以及质量好坏和员工的工作积极性有很大的关系，而在办公室中，不同岗位人员的工作职责不够明确，并且员工的薪资都比较固定。因此，当遇到一些突发状况时，不同岗位的人员之间会互相推诿，谁都不愿意去做，做多做少领的薪资是一样的。并且一些员工还本着"多做多错、不做不错"的心理来工作，做得越多越容易出错，而一旦出错就会被批评和责备，反而做得少的人得到的批评也少。综合这些原因，办公室工作人员的工作积极性不高，日常工作中缺乏工作热情，最终导致办公室工作的效率低下。这就需要相关管理人员明确职权，让员工能够各司其职，完成自己分内的工作。

办公费用申请单	办公用品领用登记表	档案明细表
办公设备采购申请表	办公用品入库单	电子印章管理办法
办公设备及耗材管理制度	车辆费用报销单	公司办公费用报销制度
办公设备使用管理制度	出差旅费报销清单	公司会议费管理办法
办公设备维修记录表	出差申请表	公司会议记录表
办公用品订购审批单	大型会议与大型活动管理制度	公司假期管理制度

第5章

做好人力资源规划，运筹于帷幄之中

许多企业都知道人力资源规划意义重大，但是对如何进行人力资源规划，如何指导企业管理人力资源却不甚了解。人力资源规划是企业人力资源工作者需要重点掌握的能力，对人力资源管理意义重大。

5.1 企业组织机构设计与调整

组织机构是为完成经营管理任务而结成集体力量，在人群分工和职能分化的基础上，运用不同职位的权利和职责来协调机构内部人员的行动，从而发挥集体优势的一种组织形式。

因此，为了更好地管理企业的人力资源，使员工明确自己在组织中应有的权利和应承担的责任，有效地保证组织活动的开展，企业就必须设计出体系完整、分工明确的组织机构。

5.1.1 组织结构设计的内容与原则

组织机构在人力资源管理中起着重要的作用。在了解如何设计企业组织机构之前，首先需要了解组织机构设计的内容有哪些，并且了解组织机构设计时需要遵循的原则。

（1）组织机构设计的内容

在人力资源管理中，组织机构设计主要围绕职能、框架、协调和人员等内容。下面分别对组织机构设计的各个内容进行介绍，见表5-1。

表5-1 组织机构设计的内容

设计内容	具体介绍
职能设计	职能设计就是对企业的经营职能和管理职能进行设计，这是企业组织机构设计的重中之重。一个合理的、有实际意义的企业组织结构，必须依据企业自身的战略发展目标及工作任务进行量身定制。职能设计如果不够合理，就需要及时对其进行调整
框架设计	框架设计也就是对企业中包含的部门和各管理层的设计。它是组织机构设计中的主要组成部分，也是每个企业的组织机构设计都要包含的设计内容

续上表

设计内容	具体介绍
协调设计	协调设计的主要任务就是设计出分工后的各个层级、各个部门之间的协调、联系和配合的方式方法。使各分工单位能够高效配合，完成企业的经营任务，充分发挥人力资源管理的效益
人员设计	人员设计就是对企业的管理人员进行设计。在企业的整个人力资源管理体系中，管理类工作都需要由管理人员负责开展。如果没有管理人员就无法顺利开展人力资源管理。因此，组织机构的设计必须进行人员设计，并配备相应的管理人员

（2）组织机构设计需要遵循的原则

组织机构设计是否合理直接关系到企业的稳定，因此组织机构设计需要遵循一定的原则，具体如下所示。

◆ 任务与目标原则

企业设计组织机构主要为了实现企业的战略任务和经营目标。对于不同的企业，战略目标组织架构的模式和职能也不同，这一点需要引起重视。

◆ 精简高效原则

设计的组织机构首先应当满足企业发展和业务需求，然后在此基础上精简组织机构的规模、形式和内部结构，避免因为复杂的组织机构导致工作效率降低。例如同样的任务，在保证完成时间的情况下，以最少的人力去完成，从而提高效率。

企业组织机构精简高效原则要做到如下四点：①不因人设岗；②不设可有可无的岗位；③指挥幅度不宜过大；④尽量减少组织机构的层次，便于信息快速传达。

◆ 集权与分权相结合的原则

在设计企业组织机构时，既要有必要的权力集中，又要有必要的权力分散，不能偏向某一方。

权力集中主要是为了方便管理者对工作进行统一的安排、协调和控制。但是管理者不可能所有事都亲力亲为，适度分权给下属，不仅减轻自身压力，还能培养下属工作能力。

但是给下级授权时，必须明确规定下级的职责范围和权限，并在岗位说明书中列出，这就是分权中的授权明确原则。

◆ 专业分工和协作的原则

人力资源管理部门的工作量大，而且各应用领域的专业性强。因此在设计组织机构时要考虑分别设计不同的专业部门，相互协作完成工作，这样有利于提高管理工作的质量与效率。

◆ 稳定性和适应性相结合的原则

稳定性和适应性相结合原则是指企业设计的组织机构既要保证在外部环境和企业任务发生变化时，能够继续有序地正常运转；同时又要保证在运转过程中，能够根据变化的情况快速做出灵活的变更。即设计的组织机构应具有一定的弹性和适应性。

5.1.2　组织机构设计的步骤

在人力资源管理中，组织机构设计通常需要遵循一定的设计步骤，以保证组织机构的合理性和科学性。许多企业未认清这一点，导致组织机构设计混乱，出现因人设岗、权责不匹配等情况。以下是设置组织机构的基本步骤。

第一步：工作划分。根据目标一致和效率优先原则，将实现企业经营目标所需要的所有工作划分为各不相同而又相互联系的一系列具体工作。

第二步：建立部门。对划分出的一系列具体工作任务分门别类，为每一类别的工作任务建立相应的部门。如此，企业内部分工完成，各职能部门初步建立。

第三步：决定管理跨度。管理跨度是指一个领导者所能够指挥的直接下级级数。这需要根据企业的员工素质、对应工作的复杂度以及授权情况等进行科学的设定。而相应的，企业组织机构的管理层次、职权和职责范围也就能够合理地设置。

第四步：确定职权关系。有责必有权，有权必有责。组织机构管理层次确定后，需要授予各级管理者必要的权力，以满足其完成本职工作和职责所需。组织成员之间的职权关系一般分为纵向和横向两种，具体介绍如下。

①纵向职权关系：也称为上下级间的职权关系，上下级间权力和责任的分配，关键在于授权程度。

②横向职权关系：也称直线部门与参谋部门之间的职权关系。其中，直线部门即拥有实际决策权和指挥权的部门，而参谋部门是指只能在职能范围内向直线部门提出建议的部门，没有实际权力。

第五步：通过组织运行不断调整和完善组织机构。需要注意的是，组织机构设计完成后并不是一直保持不变的，而是需要在实际运行中调整和改善。

在企业组织机构运行过程中，许多问题都会随之逐渐暴露，再加上运行过程中获得的经验、员工的反馈信息，管理者可以重新审视原有组织机构，然后进行相应的调整和完善。

下面来看一般企业的组织机构图，如图5-1所示。

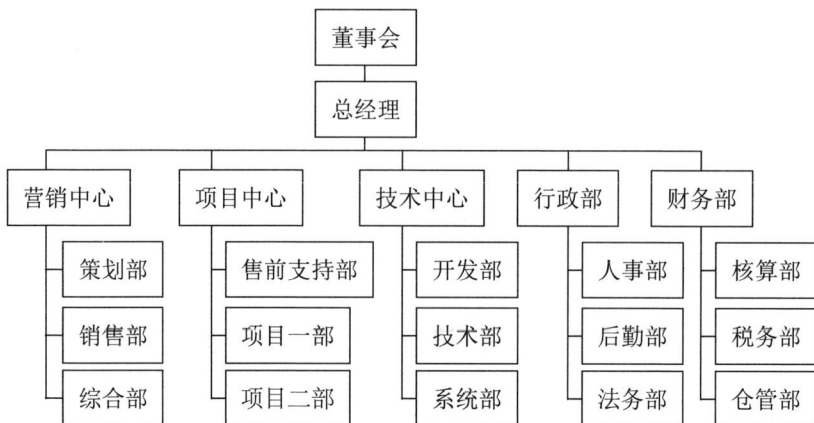

图 5-1　一般企业组织机构图

5.2　人力资源规划工作岗位的合理配置

人力资源规划工作中的重点是对工作岗位进行合理配置，这样不仅有利于各岗位工作有序开展，还能够帮助企业招聘到符合岗位需求的工作者，做到人岗匹配。

5.2.1　了解工作岗位分析的内容和方法

工作岗位分析通常又被称为职位分析、工作分析。其主要内容是对企业中某一工作岗位的设置目的、工作职责、权力、隶属关系和任职要求等信息进行收集与分析，然后明确地规定本企业该职位的相关职位要求和信息。

在进行岗位分析时，一般是从八个方面来进行考虑，可以将其归纳为7W1H，其具体内容如下。

①who：由谁来做此项工作，具体的责任人是谁，对任职人员的文化程度、专业知识、专业技能、工作经验以及职业化素质等资格有什么要求。

②what：在任职人员要完成的工作任务当位中，明确哪些是属于体力劳动的范畴，哪些是属于智力劳动的范畴。

③whom：为谁做，即目标客户。这里的客户不仅指企业对外的客户，也指企业内部的员工，因此泛指与从事该工作的员工有直接关系的其他所有人，如直接上级、下级、同事和客户。

④why：为什么做，即工作对从事该岗位工作者的意义所在。

⑤when：工作任务应该被要求在什么时候完成。

⑥where：工作的地点、环境等。

⑦what qualifications：从事这项工作的员工应该具备哪些相关资质条件。

⑧how：如何从事或者要求如何从事此项工作，即工作程序、规范以及从事该工作所需要的权力。

工作岗位分析是一项复杂的系统工程，企业在开展这项工作时，必须选择行之有效的分析方法，并且分阶段按步骤进行。

常用的工作岗位分析方法有多种，如访谈法、问卷调查法和工作日志法等，相关介绍见表5-2。

表5-2　工作岗位分析的常见方法

分析方法	具体介绍
访谈法	访谈法又称面谈法，是应用最广泛的职位分析方法之一。职位分析师会面对面与任职者、主管和专家等进行交流，询问他们对该职位的看法 一般情况下，访谈方法可以采用标准化的访谈格式进行记录，便于对访谈内容进行控制，比较同一职位不同任职者的回答

续上表

分析方法	具体介绍
问卷调查法	问卷调查法是由一组相关人员针对某个调查问题设计一份调查问卷，然后交由相对应的调查对象进行填写。再由问卷调查分析人员对问卷调查的结果进行整理、分析和总结，并做出详细记录，最后据此编写工作职务描述
观察法	观察法就是分析人员通过到现场对相关任职者的日常工作活动进行观察，收集并记录员工的具体工作内容、工作环境以及人与工作的关系等信息，再进行分析和总结
工作日志法	工作日志法也称为工作写实法，就是要求任职者按时间顺序将每天的工作内容详细地记录到日志当中，然后由工作分析人员对日志进行归纳和分析，从而实现工作分析的目的
资料分析法	资料分析法是通过查阅与职位相关的各种原有资料（如责任制文本人事文件），了解每项工作的任务、工作负荷、任职资格、责任和权利等，从而为深入调查和分析打下基础。这种方法是一种相对比较节约成本的分析方法
工作实践法	工作实践法是分析人员亲自从事所要分析的工作，并根据其所掌握的第一手资料进行分析的方法。这种方法的优点是所获资料真实而有针对性，比较适用于短期内可以掌握的工作
关键事件法	关键事件法要求分析人员、管理人员和本岗位员工，将某项工作过程中的关键事件（即工作成功或失败的行为特征或事件，如成功与失败、盈利与亏损、高效与低产等）详细地记录下来，在搜集到关键事件的大量信息后，再由分析人员对岗位的特殊要求进行分析和研究 　　这种方法的实施需要消耗大量的时间来收集、归纳整理关键事件的相关信息，并且由于在记录过程中是针对某些特别有效或者特别无效的事件信息进行记录，有可能遗漏一些不显著的关键指标，所以难以非常完整地把握事件的所有信息
任务调查表法	任务调查表法是通过制定任务调查表，将其发放给对应的在职员工填写，以此来获得与工作相关的数据或信息，进而对该任务进行分析的一种方法 　　在任务调查表中要明确列明每条检查项目或评定项目，包括要完成的任务、判断的难易程度、学习时间、与整体绩效的关系等，从而形成该任务的信息一览表

虽然工作岗位分析方法有很多种，但是在具体实施时也有统一的实施步骤。一般可以分为五个阶段来完成，分别是筹划准备阶段、信息收集阶段、资料分析阶段、结果完成阶段和应用反馈阶段，各阶段的具体操作内容如图 5-2 所示。

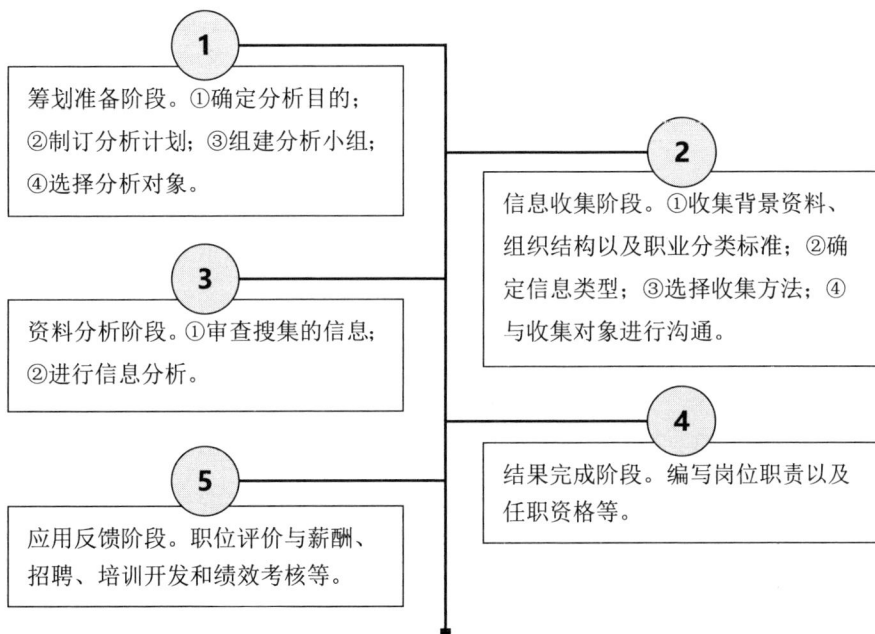

① 筹划准备阶段。①确定分析目的；②制订分析计划；③组建分析小组；④选择分析对象。

② 信息收集阶段。①收集背景资料、组织结构以及职业分类标准；②确定信息类型；③选择收集方法；④与收集对象进行沟通。

③ 资料分析阶段。①审查搜集的信息；②进行信息分析。

④ 结果完成阶段。编写岗位职责以及任职资格等。

⑤ 应用反馈阶段。职位评价与薪酬、招聘、培训开发和绩效考核等。

图 5-2　工作岗位分析要经历的阶段

5.2.2　编制职位说明书的具体步骤

职位说明书是人力资源管理的重要信息来源，并且职位分析设计也是人力资源管理中比较难的一项工作。那么，我们应该如何来编制科学、合理、符合企业实际的职位说明书呢？具体可以按照图 5-3 所示的流程来进行编制。

1 进行岗位梳理。企业的组织机构是岗位设立的基础，因此在编制职位说明书时首先要梳理岗位，确保岗位是在组织机构的架构中。

2 对岗位进行分析。确定岗位后，就需要对该岗位进行工作分析，可以采用访谈法、问卷调查法、资料分析法等方法来完成，从而明确招聘岗位目标。

3 明确岗位职责。完成工作岗位分析后，就需要确定该工作岗位上的任职者需要完成的工作内容以及应当承担的责任范围，即明确岗位的职责。

4 确定工作权限和任职资格。根据组织机构、工作分析和岗位职责确定该工作岗位的隶属部门、直接上下隶属及管辖权限等，并根据该工作岗位的胜任能力来确定岗位的任职资格。

5 申报审批实施。人力资源部将初步的职位说明书内容理出来后，还需要就该内容与相关部门进行讨论和补充。最后由人力资源部进行最终的汇总整理，并按照统一的模板进行填写，报公司总经理进行审批后实施。

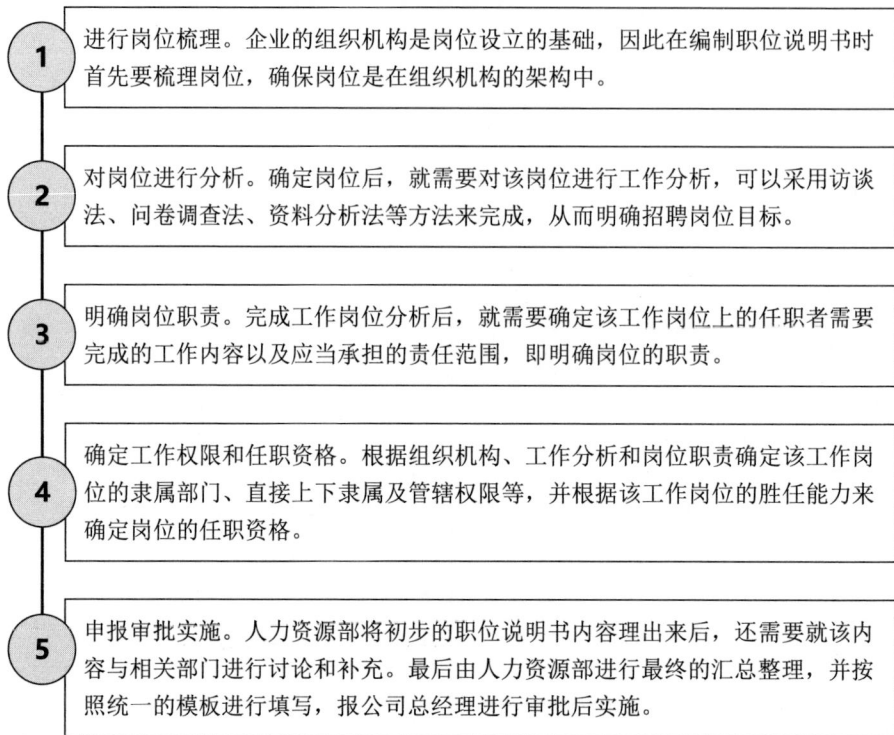

图 5-3　编制职位说明书的五个步骤

　　需要特别说明的是，在职位说明书编写完成后还需要进行不断调整。因为行业的发展、企业的战略变化都会对现有岗位提出新的要求，以便能够更好地适应企业的当下情况和满足企业的实际需求。因此，职位说明书也会对应地做出更新、修正和调整。

　　为了更好地对企业的职位说明书进行动态管理，企业一般会建立相应的职位说明书动态管理制度，并由专人负责执行，定期对职位说明书进行核查。在确定有变动后，需要及时进行更新，使其与企业的实际发展状况保持同步。

知识扩展 职位说明书的格式

　　职位说明书的格式各种各样，不仅可以通过文本的形式进行展示，还可以通过表格的形式，只要能够表明岗位的具体情况即可。

　　下面具体来看某公司人力资源总监职位说明书。

实用范本 人力资源总监职位说明书

　　【岗位名称】人力资源总监

　　【直属上级】总经理、董事长

　　【直接下级】人力资源经理

　　【岗位职责】

　　1.全面统筹规划公司人力资源发展战略，开发短、中、长期人力资源，合理调配公司的人力资源。

　　2.向公司高层提供有关人力资源战略、组织建设等方面的建议，致力于提高公司的综合管理水平。

　　3.组织分析评估人力需求，制订招聘计划、招聘策略及招聘工作流程。

　　4.负责推动人才管理项目，包括领导力发展模型的建立与持续优化、高潜质人才选拔标准建立、核心人才评价、核心人才激励与培养、人才梯队与继任管理工作。

　　5.构建和完善适应公司发展需要的人力资源管理体系（招聘规划、培训规划、绩效管理、薪酬福利、员工激励、员工发展、员工关怀和保留等模块），负责对人力资源相关模块工作的管理、执行、监督和完善。

　　6.负责建立精干高效的培训组织体系，组织完善培训管理制度，提供系统有效、有针对性、可持续提升和前瞻性的培训；监督各部门的员工培训工作，审核培训计划，检查落实情况。

　　7.负责制定适合公司发展的薪酬福利体系和管理制度，建立动态的薪酬管理体系。

8. 负责分析公司战略目标，制定有效的绩效管理体系和制度。组织开发与建立考核信息系统，指导各部门开展绩效考核工作，合理运用绩效结果，撰写分析方案。

9. 负责员工关系管理，建立员工职业生涯规划平台。

10. 组织制订人力资源工作发展规划、计划与预算方案，有效并合理控制人力预算，并监督各项计划的实施。

【任职资格】

1. 人力资源管理或相关专业统招本科以上学历。

2. 5 年以上行政人事管理经验，3 年以上人力资源总监或人力资源部经理工作经验。

3. 了解现代人力资源管理模式，拥有实践经验，对人力资源管理各个职能模块均有较深入的认识，熟悉国家相关的政策、法律法规。

4. 很强的计划性和实施执行的能力；有亲和力，很强的激励、沟通、协调和团队领导能力。

5. 具备良好的人际交往能力、组织协调能力、沟通能力以及解决复杂问题的能力。

6. 具有丰富的人力资源储备信息。

7. 具备良好的职业道德，责任心强，为人诚实，原则性强，能够承受一定的工作压力。

5.2.3　编写职位说明书的误区

职位说明书的作用越来越突出，因此受到了许多企业的重视，开始编写职位说明书对企业岗位进行规范。

但有的企业的职位说明书编写后并没有发挥其应有的作用，究其原因，是因为企业走入了职位说明书编写的误区。

（1）职位说明书编写误区

职位说明书编写误区主要包含以下五点，见表5-3。

表5-3 职位说明书编写误区

误 区	具体介绍
侧重点错误	有的企业的职位说明书内容侧重点是岗位职责，岗位职责只侧重于岗位任职人应该完成的职责，并不能全面反映岗位的信息，并没有其行为或工作活动的结果
职责交叉缺乏规范	许多企业以团队来设计工作任务，即同一项工作任务需要几个部门或几个岗位共同完成，这就出现了职责交叉。但很多企业在撰写职位说明书时对这些职责交叉的工作没有明确各岗位的职责权限，以及对工作结果应承担的责任。反而导致工作中岗位职责不清、多头领导，工作中出现问题各部门间又互相推诿，降低了工作效率
一岗多人不规范	工作任务量较大的工作，有的岗位不可避免会出现一岗多人的现象。很多企业在描述此类岗位时，归纳出该岗位的共同特征，定义了岗位的共同要求，却忽视了该岗位的不同任职者之间工作任务的差别，以及由此导致的对任职人资格的差异
与实际工作脱节	有的企业，由人力资源部自己闭门造车，使描述脱离本企业的实际情况。尤其是对任职人资格的界定缺乏客观的标准，结果使职位说明书无法在实际工作中使用
编制过程不够科学	不少企业的岗位描述都有不完整、夸大职责或缩小职责、任职资格主观性强等问题。有的企业为了节约成本，甚至只对关键岗位或部门进行岗位描述，导致后续的岗位评价、招聘等工作缺乏客观、统一的尺度

（2）如何科学、规范地编写职位说明书

面对职位说明书编写过程中可能存在的误区，人力资源工作者应当如何科学、规范编写呢？

①人力资源经理一定要和相关的高层领导进行讨论，明确规范岗位职责的意义、正确定位职位说明书的编写工作。

②企业各部门的主管及员工应该参与编制工作，并且要为各个部门提供编写技术的培训、指导和审核。

③认真地分析和调查，了解每一个岗位的具体情况。将部门职责分解到部门的各个岗位，明确各岗位之间的分工关系。对于"一岗多人"的情况，要运用规范的语言明晰地确定各岗位在此项工作中要承担的责任。

④使用规范用语规范职位说明书的描述方式和用语，这关系到职位说明书的质量，考验人力资源工作者的专业性。

⑤企业编写出规范的职位说明书后，人力资源部应建立职位说明书的动态管理制度，由专人负责管理更新。

5.3　人力资源的需求供给预测

人力资源规划的主要内容就是确定企业的人才需求状况，例如当前需要什么样的人才、需要多少人才以及如何规划人力才能确保人岗合理等。

人力资源规划管理工作需要对企业的人力需求和供给进行预测分析，下面分别介绍如何开展人力资源需求预测和人力资源供给预测。

5.3.1　人力资源需求预测

人力资源需求预测是指根据企业的发展规划和企业的内外条件，选择适当的预测技术，对人力资源需求的数量、质量和结构进行预测。

人力资源需求预测分为现实人力资源需求预测、未来人力资源需求预测和未来流失人力资源需求预测三部分，下面分别进行介绍。

（1）现实人力资源需求预测

现实人力资源需求预测是指根据企业目前的职位编制水平，对企业的人力资源现状和人员配置情况进行盘点和评估，从而确定现实的人力资源需求情况。具体实施步骤如图 5-4 所示。

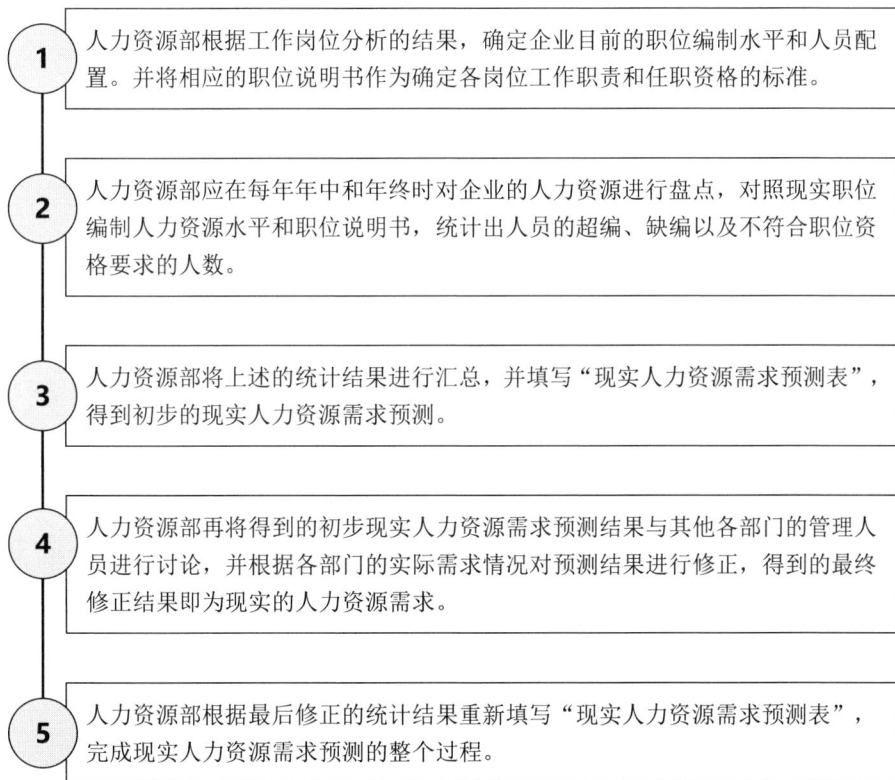

1 人力资源部根据工作岗位分析的结果，确定企业目前的职位编制水平和人员配置。并将相应的职位说明书作为确定各岗位工作职责和任职资格的标准。

2 人力资源部应在每年年中和年终时对企业的人力资源进行盘点，对照现实职位编制人力资源水平和职位说明书，统计出人员的超编、缺编以及不符合职位资格要求的人数。

3 人力资源部将上述的统计结果进行汇总，并填写"现实人力资源需求预测表"，得到初步的现实人力资源需求预测。

4 人力资源部再将得到的初步现实人力资源需求预测结果与其他各部门的管理人员进行讨论，并根据各部门的实际需求情况对预测结果进行修正，得到的最终修正结果即为现实的人力资源需求。

5 人力资源部根据最后修正的统计结果重新填写"现实人力资源需求预测表"，完成现实人力资源需求预测的整个过程。

图 5-4　现实人力资源需求预测步骤

在以上步骤中提到了"现实人力资源需求预测表"，该表主要用于统计当前企业的人力资源现状，对后续工作起到指示作用，现实人力资源需求预测表的结构见表 5-4。

实用范本 现实人力资源需求预测表

表 5-4 现实人力资源需求预测表

年　　　月　　　日

部　门	目前编制	人员配置情况			人员需求
		超　编	缺　编	不符合岗位要求	
生产部					
销售部					
采购部					
……					
合　计					

知识扩展 人力资源需求预测方法

进行人力资源预测使用的方法多种多样，可以将其分为定性预测法和定量预测法。

定性分析就是对研究对象进行"质"方面的分析。具体地说，是运用归纳和演绎、分析与综合以及抽象与概括等方法；定量分析是对社会现象的数量特征、数量关系与数量变化的分析。其功能在于揭示和描述社会现象的相互作用和发展趋势。

定性分析方法主要包括现状规划法、经验预测法、分合性预测法、德尔菲法、描述法、回归预测法及比率预测法等。

定量预测法可以分为趋势预测法、统计预测法、工作负荷预测法及劳动定额预测法。

（2）未来人力资源需求预测

未来人力资源需求预测主要是指根据企业发展规划，确定各部门的工作量、需增加的职位和人数以及未来人力资源需求。未来人力资源需求预测的具体步骤如图 5-5 所示。

①	对可能影响人力资源需求的管理和技术因素进行预测，即对人力资源内外部环境进行预测，例如：①行业的发展趋势是什么，这种趋势对企业的人力资源政策会产生哪些影响？②主要竞争对手是否会改变竞争手段？
②	根据企业的发展战略和业务发展规划，明确企业预测期内每年的业务数据，具体是指预测期内有多少项目，各项目的销售收入是多少等。
③	根据历史数据（一般是最近3年的历史数据），计算出管理职系和技术职系之间的人员配比，并根据比例数据来确定各职系在预测期内每年的人员需求数量。
④	人力资源部应组织各部门对本职系具体人员需求做出预测，然后要求各部门根据实际增加的工作量以及综合考虑管理和技术等因素的变化，确定各部门需增加的岗位和人数。
⑤	人力资源部还需要将上述两个步骤所得的预测结果进行平衡和修正处理，即可得到企业未来人力资源需求的预测。在完成未来人力资源需求预测后，人力资源部应根据预测结果填写"未来人力资源需求预测表"。

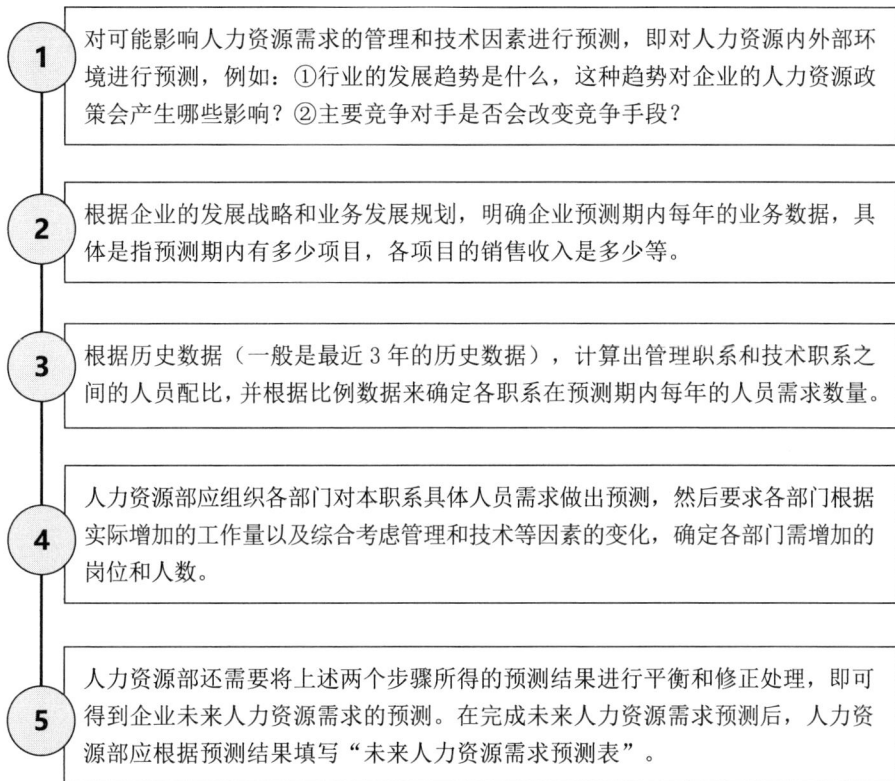

图 5-5　未来人力资源需求预测步骤

下面具体来看未来人力资源需求预测表的模板，见表 5-5。

实用范本 未来人力资源需求预测表

表 5-5　未来人力资源需求预测表

年　　　月　　　日

预测内容	第1年	第2年	第3年	第4年	第5年
行政辅助职系					

续上表

预测内容	第 1 年	第 2 年	第 3 年	第 4 年	第 5 年
技术职系					
增加的岗位及人数					
备　　注					

（3）未来流失人力资源需求预测

未来流失人力资源需求预测即对未来人力资源流失的预测，是在综合考虑现有人员离职情况和历史数据的基础上，对预测期内的人员流失情况做出预测。具体的实施步骤如图 5-6 所示。

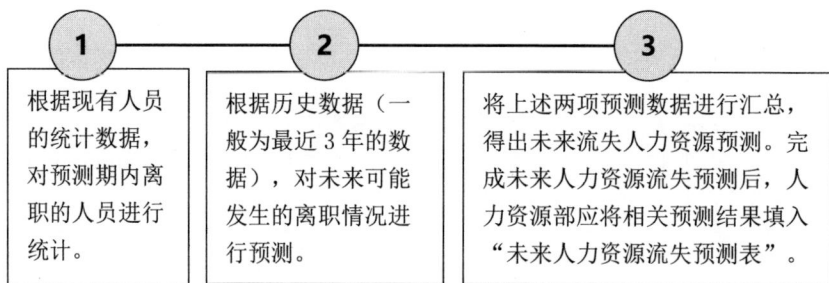

图 5-6　未来人力资源流失预测步骤

下面具体来看未来人力资源流失预测表，见表 5-6。

实用范本 未来人力资源流失预测表

表 5-6　未来人力资源流失预测表

年　　　　月　　　　日

预测内容	第 1 年	第 2 年	第 3 年	第 4 年	第 5 年
离职人员					

续上表

预测内容	第1年	第2年	第3年	第4年	第5年
其　　他					
岗位及人数					
备　　注					

以上三项人力资源需求预测工作结束后，人力资源部应根据现实人力资源需求、未来人力资源需求和未来流失人力资源需求预测，汇总得出企业整体的人力资源需求预测，然后将汇总结果填入"人力资源需求预测表"，完成企业的人力需求预测工作。

人力资源需求预测表模板，见表5-7。

实用范本 人力资源需求预测表

表5-7　人力资源需求预测表

年　　　　月　　　　日

职　系	当　前　年		第　一　年		第　二　年	
行政辅助职系	现实人数		初期人数		初期人数	
	现实需求		需增加岗位和人数		需增加岗位和人数	
			流失人数预测		流失人数预测	
	总需求		总需求		总需求	
技术职系	现实人数		初期人数		初期人数	
	现实需求		需增加岗位和人数		需增加岗位和人数	
			流失人数预测		流失人数预测	
	总需求		总需求		总需求	

续上表

职　系	当　前　年		第　一　年		第　二　年	
总　计	现实人数		初期人数		初期人数	
	现实需求		需增加岗位 和人数		需增加岗位 和人数	
			流失人数预测		流失人数预测	
	总需求		总需求		总需求	

5.3.2　人力资源供给预测

人力资源供给预测主要是预测在某一未来时期，组织内部所能供应的及外部劳动力市场所提供的一定数量、质量和结构的人员，以满足企业为达成目标而产生的人员需求。

可以看到，人力资源供给主要分为内部供给和外部供给，下面分别进行介绍。

（1）内部人力资源供给预测

内部人力资源供给预测是对企业内部员工拥有量的预测。其任务是根据现有人力资源及其未来变动情况，预测出规划期内各时间点上的员工拥有量。具体实施步骤如下所示。

①人力资源部需要对企业内部现有人力资源进行盘点，清楚地掌握企业现有人力资源的质量、数量、结构和在各职位上的分布状态，以便掌握现有人力资源情况。

②对企业近几年的职务调整政策和历史员工调整数据进行整理，统计出员工调整的比例，包括各职系中各职位的晋升比例、离职比例等。

③人力资源部要向企业的其他各部门了解可能出现的人事调整情况。

④人力资源部要根据以上收集到的情况，采用相应的预测方法，得出内部人力资源供给预测结果。

能够进行内部人力资源供给预测的方法有很多，例如管理人员接替图法和马尔可夫转移矩阵模型等，下面分别进行介绍。

◆ 管理人员接替图法

管理人员接替图法是一种岗位延续计划，又称为管理者继承计划。它是对现有管理人员的状况进行调查、评价后，列出未来可能的管理者人选。这种方法是把人力资源规划和企业战略结合起来的较有效的方法。

实操范例 管理人员接替图的应用

图5-7所示为某公司用管理人员接替图法对人力资源进行预测的图例。

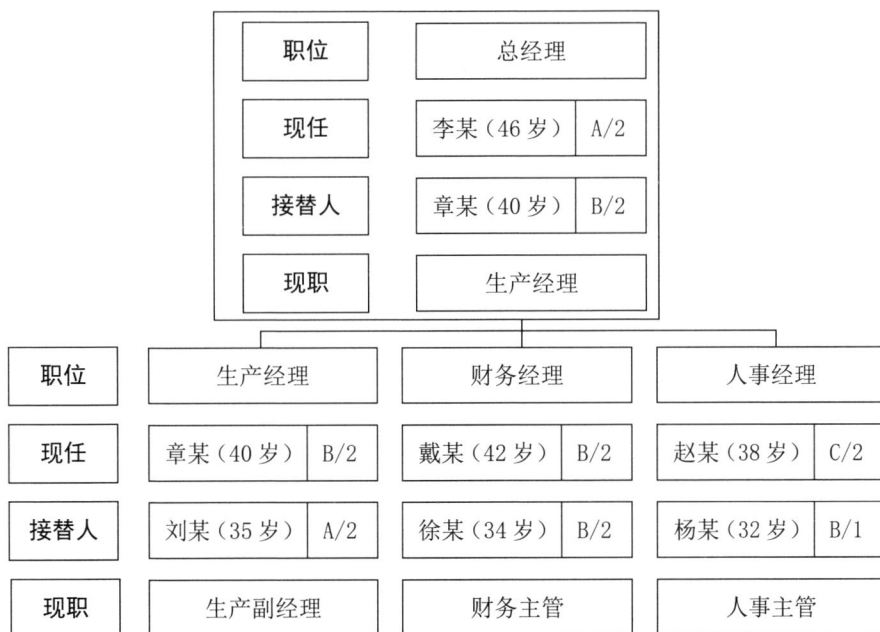

图 5-7 管理人员接替图

在图5-7中，每一个职位有四个项目，分别是职位、现任、接替人和现职。

针对现任和接替人两个项目又分别包括两列，左侧列显示的是人员的名称和年龄，右侧列用"/"划分了两个部分。

①"/"的左侧是字母，它代表的是管理者的绩效等级，共有 A ～ C 这 3 个等级，其中，"A"表示现在就可提拔；"B"表示还需要一定的开发；"C"表示现职位不很合适。

②"/"的右侧是数字，它代表的是管理者晋升可能性的评估等级，共有 1 ～ 4 这 4 个等级，其中，"1"表示绩效表现突出；"2"表示优秀；"3"表示一般；"4"表示较差。

通过直观的接替图，不仅可以清晰明了地了解管理人员的基本情况，让员工感觉到公司对员工职业生涯发展的关注。在实际接替过程中，接替人员可能不止一个，此时可以通过管理人员替位图进行展示，如图 5-8 所示。

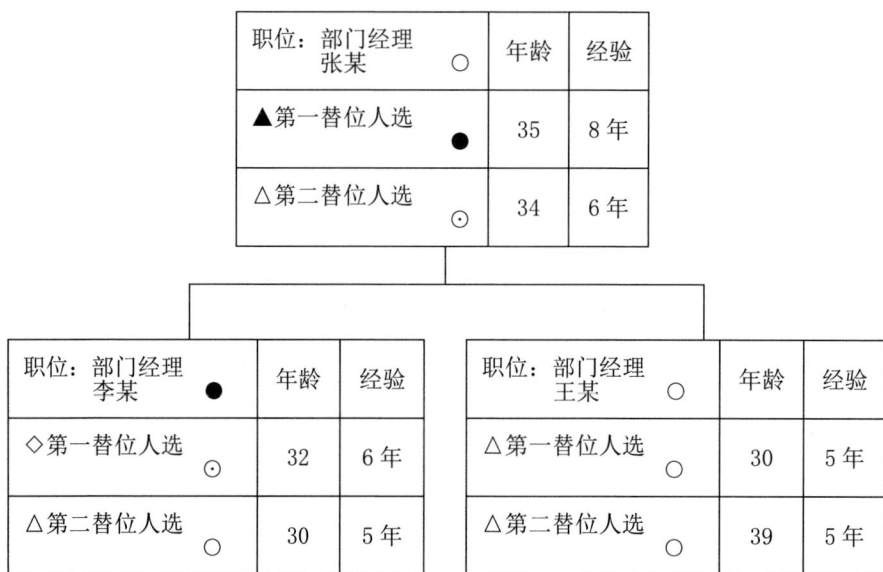

职位：部门经理 张某　　○	年龄	经验
▲第一替位人选　　●	35	8 年
△第二替位人选　　⊙	34	6 年

职位：部门经理 李某　　●	年龄	经验
◇第一替位人选　　⊙	32	6 年
△第二替位人选　　○	30	5 年

职位：部门经理 王某　　○	年龄	经验
△第一替位人选　　○	30	5 年
△第二替位人选　　○	39	5 年

图 5-8　管理人员替位图

在图 5-8 中包含的两组图形，分别代表了不同的含义，左边图形表示为准备状态，右边图形表示替位人员的绩效状况。

①▲表示现已准备好或一年之内准备好；◇表示 1 ～ 3 年准备好；△表示 3 年以上准备好。

②●表示优秀；⊙表示一般；○表示需要完善。

◆ 马尔可夫转移矩阵模型

马尔可夫转移矩阵模型的基本思想是通过人员变动矩阵，找出过去人事变动的规律，以此为依据来推测未来的人力资源变动趋势。下面具体来看人员变动矩阵的分析步骤。

第一步是做一个人员变动矩阵表，表中的每一个元素表示一个时期到另一个时期（如从某一年到下一年）在两个工作之间调动的雇员数量与初期人员数量的历年平均百分比（以小数表示）。一般以 5 ~ 10 年为周期来估计年平均百分比。一般情况下周期越长，根据过去人员变动所推测出的未来人员变动情况就越准确。

第二步是用这些历年数据代表每个职位层级中人员变动的概率，可推测出未来的人员变动（供给量）情况。将每个职位层级初期的人员数量与其人员变动概率相乘，再纵向相加，即得到组织内部未来劳动力的净供给量。

下面通过具体的实例来看马尔可夫转移矩阵模型的分析方法是如何进行内部人力资源供给预测的。

实操范例 马尔可夫转移矩阵模型分析方法的应用

现在已知某企业的职位层级包括高级领导、基层领导、高级会计师和会计员，并且各个层级的初期人员数量通过调查已经得知，每个岗位层级对应的人员变动已经知晓。可以通过马尔可夫转移矩阵模型分析方法分析人员供给情况，见表5-8。

表5-8 运用马尔可夫转移矩阵模型分析法分析人员供给情况

职位层级	初期人员数量	G		J		S		Y		离职	
		人员变动概率	期末人员供给量	人员变动概率	期末人员供给量	人员变动概率	期末人员供给量	人员变动概率	期末人员供给量	人员变动概率	期末人员供给量
高级领导（G）	40	0.8	32	—	—	—	—	—	—	0.2	8

续上表

职位层级	初期人员数量	G		J		S		Y		离职	
		人员变动概率	期末人员供给量	人员变动概率	期末人员供给量	人员变动概率	期末人员供给量	人员变动概率	期末人员供给量	人员变动概率	期末人员供给量
基层领导（J）	80	0.1	8	0.7	56	–	–	–	–	0.2	16
高级会计师（S）	120	–	–	0.05	6	0.8	96	0.05	6	0.1	12
会计员（Y）	160	–	–	–	–	0.15	24	0.65	104	0.2	32
预计人员供给量	–	–	40	–	62	–	120	–	110	–	68

在表 5-8 中，分别用人员变动概率乘以初期人员数量，得出各职位层级的期末人员供应量，然后纵向将期末人员供给量进行求和，即可得到各职位层级的预计人员供应量。

> **知识扩展** 相关矩阵法预测人力资源供给
>
> 除了前面介绍的两种方法外，还可以通过相关矩阵法预测人力资源供给。相关矩阵法是运用一种结构化表格进行人力资源供给预测并将预测结果标在表上的常用方法。在预测工作中，管理人员无论是采用直觉判断还是量化分析，都可以使用这个结构。

（2）外部人力资源供给预测

外部人力资源供给预测的任务是确定在规划期内各时间点上可以从企业外部获得的各类人员的数量。这里从外部获得的各类人员侧重于关键人员，主要是高级管理人员和高级技术人员。

企业在进行外部人力资源供给预测时，需要重点对以下的因素进行考虑和分析。

①企业所在地和行业的人力资源整体现状。

②企业所在地和行业有效的人力资源供给现状。

③企业所在地和行业对人才的吸引程度。

④企业薪酬对所在地和行业人才的吸引程度。

⑤企业能够提供的各种福利对所在地和行业人才的吸引程度。

⑥企业本身对人才的吸引程度。

⑦企业所在地与企业需求人员匹配的相关专业的大学生毕业人数及分配情况。

⑧国家在就业方面的政策和法规。

⑨该行业地区范围内的人才供需情况。

⑩地区范围内从业人员的薪酬水平和差异。

对于以上的这些需要考虑的因素，企业可从所在地公布的各类统计数据中获取，从而明确企业需求人员的市场供给情况，并据此采取相应的人才补充对策。

此外还需要特别说明的是，企业的人力资源供给预测方法和结果也是动态存在的。因此，人力资源部应根据企业内外部环境的变化不断做出调整。

工作梳理与指导

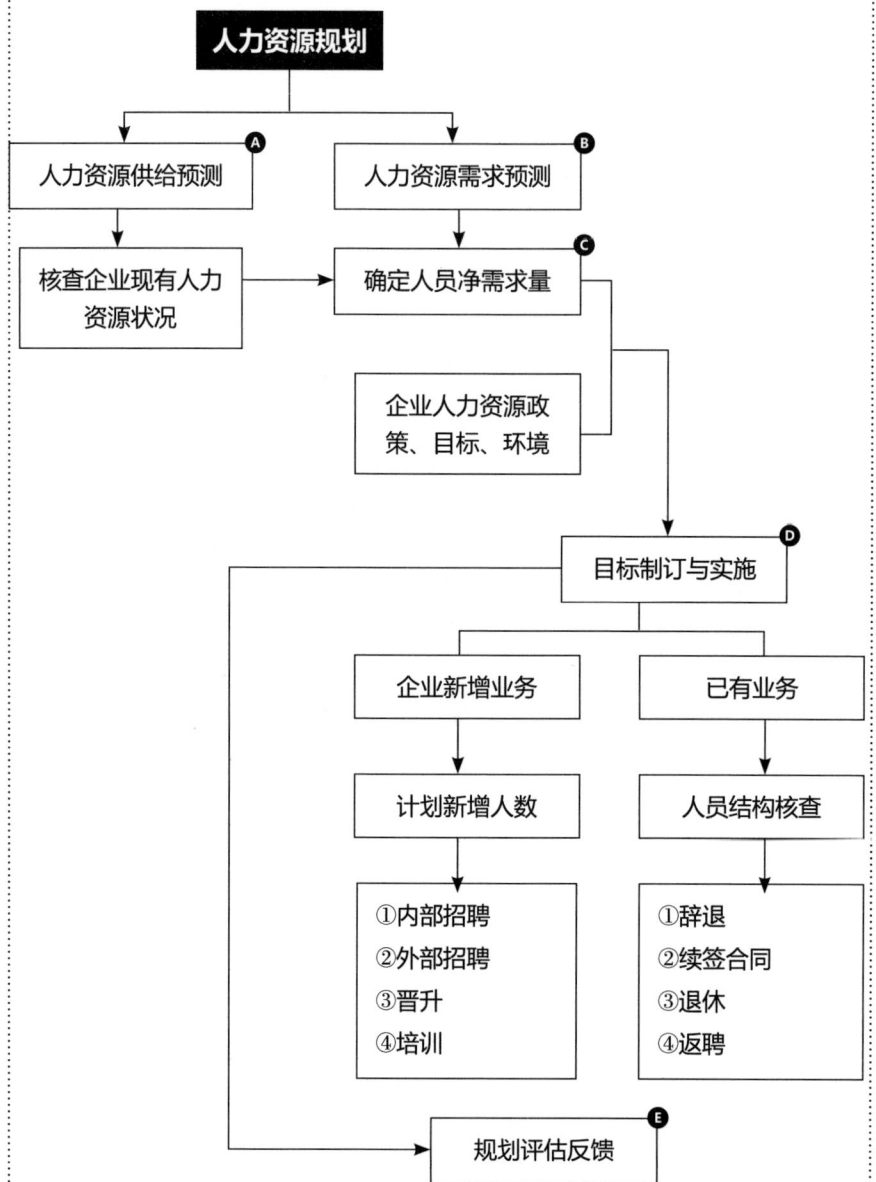

人力资源规划

人力资源供给预测 **A**

人力资源需求预测 **B**

核查企业现有人力资源状况

确定人员净需求量 **C**

企业人力资源政策、目标、环境

目标制订与实施 **D**

企业新增业务

已有业务

计划新增人数

人员结构核查

①内部招聘
②外部招聘
③晋升
④培训

①辞退
②续签合同
③退休
④返聘

规划评估反馈 **E**

流程梳理

按图索骥

Ⓐ 影响人力资源供给预测的因素有：当地人力资源状况、当地经济发展水平、企业本身的吸引力以及相关法律法规等。

Ⓑ 影响人力资源需求预测的因素有：企业发展状况、人员流动率、员工工作满意度以及社会经济发展状况等。

Ⓒ 由于各企业的具体情况不同，因此人力资源规划的步骤也不尽相同，但是一般来说都有五个核心步骤。分别是人力资源供给预测、人力资源需求预测、确定人员净需求量、目标制订与实施以及规划评估反馈。即在人力资源规划中，主要是根据人力资源供给预测和人力资源需求预测来确定人员的净需求量，然后制订相应的人员目标和实施方案，最终达到企业人力结构优化的目的。

Ⓓ 在制定目标与实施策略时，要结合企业当前新增业务或已有业务，确定新增人数或优化人员结构。

Ⓔ 完成一次人力资源规划实施后，要针对此次规划进行评估反馈，总结经验，这是企业宝贵的内部资料。

答疑解惑

问： 第一次独立做人力资源规划，从哪里入手，哪些问题需要注意？

答： 先去参考一下往年的规划，很多都是可以借鉴的，一般分为总体规划和业务规划。总体规划包括预测的需求和供给，做出这些预测的依据是什么？企业平衡供需的原则和政策等；业务规划包括人员补充计划、配置计划、人员接替和提升计划、人员培训开发计划、薪酬激励计划、员工关系计划及退休解聘计划等

问： 生产制造类企业各部门人员数量与企业总人数是否有通用比例？各级人员数量是否有通用比例？

答： 有几个小方法可以试试：①人力有一定的地位。人力牵头，业务部门补充，收集企业往年历史数据（产量、设备数量、员工数量及结构、出勤率、废品率），以及次年企业业务目标，来确定岗位和数量。然后跟业务负责人和老板确认，进行修正和调整，再根据这些人的数量，来配置人力、行政后勤、财务等辅助人员的数量，之后，各部门开始执行。②业务部门提报，老板调整，人力辅助。让各自业务部门按照明年的目标提报人员编制及需求计划，人力、老板、业务部门再来调整。其实就一家业务相对稳定的企业而言，每年不会有太大的变化。

答疑解惑

问：公司新建的一个工厂，现在需要做人力资源规划，如何着手呢？

答：不要着急做规划，先看下战略方向和业务规模、现有人员状况。对一家新工厂做人力资源规划，首先做好以下几点：①岗位规划，即工厂正常运转需要哪些岗位存在；②人员规划，即根据业务量和未来公司的业务规划进行定岗定编；③制度规划，岗位有了，人员有了，当然要有一定的制度对人员进行约束，无以规矩，不成方圆；④费用规划，即工厂即将投入的人力成本有多少；⑤培训规划，招聘一批人，如何成为工厂合适的人才，也是人力资源部要考虑的首要问题。

问：一个公司如何制订人力资源发展计划，确保人才梯队发展和人才储备及培养？

答：首先要对各级员工进行考核，选对人用对人，才能更好地培养人，如果用不对的人，发展计划再好也没有用。选完人以后，就可以开展人才计划了，首先需要建立梯队候选员工，建立辅导班制度，就像学校一样进行阶段性学习。优中选优的内部竞争机制，为公司中的各个重要岗位建立充足的人才保障，这样可以避免重要岗位员工突然离职，其工作无人接替。

问：目前企业要求 结合企业战略做人力资源规划，应当怎么操作？

答：要结合企业战略进行人力资源规划，首先需要充分了解企业当前的人力资源状况和企业战略情况，并进行详细分析；其次，分析企业经营目标、市场目标和经营策略等，找到对人力资源管理的需求；最后，从人才获取、培养、使用及保留等方面制订相应的人力资源策略和关键举措，并形成工作推进计划。

实用模板

风险评估管理制度	工作分析管理制度	人力资源供求失衡调整方法
岗位变动通知单	管理人才储备登记表	人力资源年度规划表
岗位任免管理制度	机构职责分工制度	人力资源成本构成分析方案
岗位任职通知单	年度人员需求预测汇总表	
岗位增补申请表	人才储备管理制度	
岗位职级管理制度	人力需求申请表	
各部门薪酬标准表	人力资源供给预测表	

第6章

高效的招聘与培训，为企业输送人才

人力资源规划完成后，就需落实人力资源规划，这就离不开员工的招聘与培训，这也是人力资源管理工作的重点。做好招聘和培训工作，才能够为企业稳定输入人才，保持企业活力，实现良性发展。

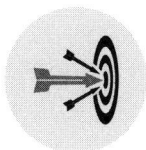

6.1 做好招聘前的准备工作

招聘工作不是根据需求直接招聘便可高枕无忧了，而是需要按照一定的流程，遵循一定的方法。不仅在招聘过程中，招聘活动开展前同样需要做好准备工作。

6.1.1 根据招聘职位和发展阶段确定招聘渠道

在互联网时代，企业接触到的招聘渠道多种多样，例如网络招聘、广告媒体招聘及猎头招聘等。这就要求企业在招聘过程中应当明确，通过何种渠道进行招聘。

明确招聘渠道的标准分为两种，分别是根据招聘职位确定和根据企业发展阶段确定，下面分别进行介绍。

（1）根据招聘职位确定招聘渠道

招聘的最终目的是招聘到企业需要的人员，因此招聘职位尤为重要。不同的招聘职位应当选择不同的招聘渠道，这样才能使招聘工作高效开展，避免无效招聘。

实操范例 招聘渠道选择错误影响招聘进度

某生产企业因为生产规模扩大，需要招聘 10 名车间工作人员和 2 名生产总监，于是安排新上任的人力资源工作者张某负责招聘。

张某接到任务后，充分考虑了需要招聘的岗位的具体情况和工作职责，于是到当地的人才市场进行招聘。经历了两天的招聘，很快就将车间工作人员的招聘任务完成了，但是生产总监的合适人员没有发现。

于是张某向上级领导进行汇报，领导告诉他生产总监属于管理型岗位，在人才市场是难以招聘到的，让张某换一种招聘渠道。张某恍然大悟，于是开始在网络上进行招聘，很快就发现了合适的目标人选。

通过以上案例可以发现，招聘岗位对招聘渠道的选择有重要影响，这也是一名合格的招聘人员需要注意的。

下面具体来看根据招聘职位确定招聘渠道的方法和目标招聘群体，见表6-1。

表 6-1　根据招聘职位确定招聘渠道和目标招聘群体

招聘渠道	目标群体	岗位示例
人才寻访	①同行中级人才 ②关键核心岗位 ③稀缺特殊岗位	①设计经理 ②建筑师 ③项目经理
猎头招聘	①高级管理人才 ②高级专业人才	①分公司总经理 ②财务总监 ③设计经理
现场招聘	①拟离职或已离职人员 ②通用型岗位及一般专业岗位	①土建工程师 ②造价工程师 ③会计人员
内部推荐	①中级、初级人才 ②中层、高层通用或专业岗位	①普通工程师 ②文秘 ③销售人员
网络招聘	①在职人才 ②通用型岗位及一般专业岗位 ③经常浏览网络的人群	①普通工程师 ②职能管理人员 ③策划经理、策划师
报刊广告	①通用型岗位及一般专业岗位 ②经常浏览报刊的人群	①策划经理、策划师 ②职能管理人员 ③普通工程师

表6-1中只是对各个招聘渠道的目标群体和招聘岗位进行了介绍和示例，企业在实际操作中应该结合企业岗位的实际情况，对目标招聘岗位进行分类，选择合适的招聘渠道。

知识扩展 特殊岗位的个性化招聘渠道

除了前面介绍的常规招聘渠道外，企业还可能存在一些特殊的招聘渠道。如社区推荐、退伍兵人才市场、为高校学生提供实习机会、离职员工召回及企业人才库搜索等。

（2）根据企业发展阶段确定招聘渠道

企业处在不同的发展阶段，所适用的招聘渠道是不同的。人力资源工作者应当充分考虑，采取适合当前企业发展情况的招聘方式。

下面具体来看如何根据企业发展阶段选择合适的招聘渠道，具体介绍见表6-2。

表 6-2　根据企业发展阶段确定招聘渠道

招聘渠道	预期作用	适用阶段
人才寻访	①提高针对性 ②突破招聘淡季的限制 ③削弱竞争对手	①稳定发展期 ②高速发展期
猎头招聘	①充分借助外部资源 ②重点突破 ③节省时间精力	①稳定发展期 ②高速发展期
现场招聘	①为企业积蓄人气 ②体现企业的实力 ③批量解决人才瓶颈	①初创期 ②高速发展期
内部推荐	①提高招聘的稳定性 ②节省沟通成本 ③确保文化认同度	①稳定发展期 ②高速发展期
网络招聘	①提升招聘信息传递效率 ②确保日常招聘量 ③节省费用	各个时期

续上表

招聘渠道	预期作用	适用阶段
报刊广告	①宣传造势 ②为企业积聚简历 ③有利于企业建立品牌	①初创期 ②高速发展期

6.1.2 合理的招聘计划，人岗匹配

制订招聘计划是人员招聘流程的第一步，也是十分重要的一步，做好招聘计划，能够让招聘工作事半功倍。制订招聘计划需要人岗匹配，根据实际需求进行招聘，不浪费人事资源。

◆ 招聘计划的内容

在制订招聘计划时，首先应当了解招聘计划的内容，不能过于冗长，言之无物。招聘计划包含内容如下。

①具体的人员需求清单，包括招聘的职位名称、人数和任职资格要求等内容。

②招聘信息发布的时间和渠道。

③招聘小组人选，包括小组人员姓名、职位以及各自的职责。

④应聘者的考核方案，包括考核的场所、大体时间和题目设计者的姓名等。

⑤招聘的截止日期。

⑥新员工的上岗时间。

⑦费用，包括资料费、广告费和人才交流会费用等。

⑧招聘工作时间表应尽可能详细，以便于他人配合。

⑨招聘广告样稿。

◆ 招聘计划的编写步骤

招聘计划并不是随意编写，而是应当遵循一定的步骤，才能确保需要编写的内容不会遗漏，不会对招聘工作造成影响。招聘计划的编写步骤如图 6-1 所示。

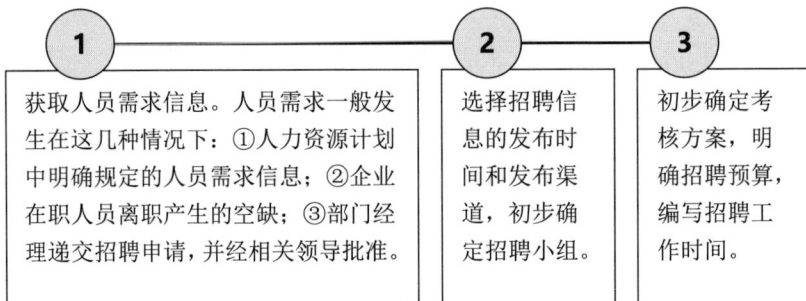

1 获取人员需求信息。人员需求一般发生在这几种情况下：①人力资源计划中明确规定的人员需求信息；②企业在职人员离职产生的空缺；③部门经理递交招聘申请，并经相关领导批准。

2 选择招聘信息的发布时间和发布渠道，初步确定招聘小组。

3 初步确定考核方案，明确招聘预算，编写招聘工作时间。

图 6-1　招聘计划的编写步骤

◆ 制订招聘流程的步骤

招聘流程关系着招聘计划能否顺利实现，也是招聘工作中非常重要的部分。下面具体介绍制订招聘流程的步骤。

①分析企业现行组织结构、职位设置、职位权限和未来企业业务的开展。

②分析企业现行各项行政、人事管理制度、规定及工作流程。

③总结现有招聘程序，明确初试、复试决策人和录用决策人。

④分析各岗位不同的任职资格，将上述内容归纳、整理，起草招聘流程初稿，将初稿与相关人员进行讨论，征求他们的建议和意见。

⑤将这些建议和意见进行整理，确定招聘流程试行稿，公布招聘流程试行稿。

⑥在招聘活动中，实际使用招聘流程试行稿，根据实际情况进行修改。试行期结束后，正式确定企业招聘流程。

6.2 预约和组织面试

做好面试准备以后就需要开展面试的预约和组织工作，这一过程主要涉及面试简历的筛选和面试组织工作。

6.2.1 如何通过关键点去高效筛选简历

通常企业发布招聘信息后，会收到大量的简历，但是并不是所有的求职者都符合企业需求。因此人力资源工作者需要对收到的简历进行筛选，找出符合要求的简历。

下面首先来看一份完整的简历应当包含的内容，见表6-3。

表6-3 完整简历应包含的内容

类　别	具体内容
个人基本情况	姓名、性别、年龄、出生年月、民族、籍贯、最高学历、婚姻状况、证件照等
个人联系方式	手机号码、电话号码、QQ号码、邮箱地址等
教育背景，培训经历	高中到最高学历期间的毕业学校、主修和辅修专业及成绩、各类资格证书及等级证书、社团工作及实习经历等
相关工作经历	在职时间、公司名称、岗位名称、工作职责、工作业绩、离职原因、薪资待遇、证明人信息等
个人荣誉（成果）	荣誉证书、学术或者技能成果等
工作技能及爱好	与工作相关的技能与特长、个人业余爱好等
求职意向	地区、行业、意向岗位等

高效筛选简历主要分为两个步骤，分别是硬性指标筛选简历和关键点筛选简历。

（1）硬性指标筛选简历

通常企业在招聘员工时，都会有一些硬性要求，例如员工学历、年龄及工作经历等。

人力资源工作者在首次筛选简历时，需要重点留意企业招聘的硬性指标，如果简历的硬性指标不符合则没有继续筛选的必要，这样能够节省简历筛选的时间。

（2）关键点筛选简历

经过初步筛选简历后，就需要进一步筛选符合条件的简历并邀请面试，关键点筛选简历主要是从六个方面进行筛选，如图 6-2 所示。

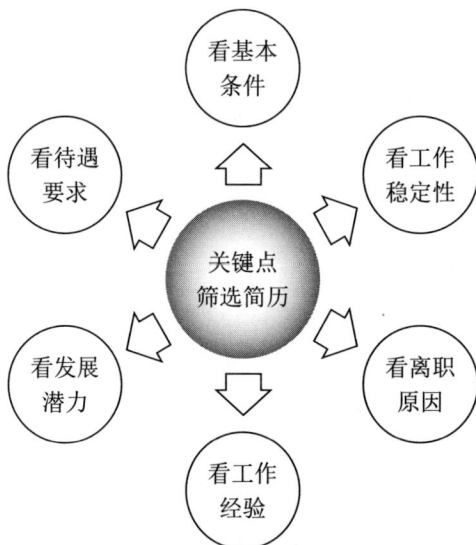

图 6-2 关键点筛选简历的六个方面

下面具体来看关键点筛选简历的操作方法，见表 6-4。

表 6-4 关键点筛选简历的具体操作

项　目	具体介绍
看基本条件	①年龄方面，尽量选择和现有团队大致年龄段相匹配的人选，利于团队沟通交流；②要了解求职者居住小区的地理位置和与公司的距离，综合考虑其上下班的方便性；③联系方式填写是否齐全，可侧面反映出求职者的细致度和求职意向强烈度
看工作稳定性	稳定性可分为三种情况：①开始不稳定，现在稳定；②开始稳定，最近不稳定；③一直很稳定。通常在招聘时优先考虑稳定性较高的应聘者，避免日后工作不稳定
看离职原因	一般有协议解除、被公司解雇或裁员、家庭／个人原因以及自主创业等。离职原因上偶尔两次原因相同还可以理解，如果经常同一原因导致辞职，那么可能就有问题了
看工作经验	①工作经验跟本公司的行业相同或者相近比较好；②求职者的行业选择应当一直在同行业或者相近行业；③在原公司有无职位晋升
看发展潜力	综合评估分析求职者的工作职位和工作职责的发展趋势，看是否持续处于上升趋势，例如专员—主管—经理。在相同经理岗位上看，是否从小公司经理岗位到大公司经理岗位，这也算是上升趋势
看待遇要求	待遇要求可以从两个方面分析：①待遇要求超过 50% 甚至翻倍，则要考虑求职者的求职动机以及其对个人价值的客观判定问题，或者可以判断为有投机心理；②求职者待遇要求大幅度降低，说明自我信心不足或者另有隐情

　　通过以上筛选过程，可以将简历分为三类。一类是匹配度较高的简历，可以尽快安排面试；一类是比较匹配，通常在第一类求职者不合适的情况下考虑；一类是较不匹配，可以保存简历或是删除简历。

6.2.2　电话预约面试的规范谈话流程

　　筛选简历完成后，就可以安排符合条件的求职者面试。如今较为常见的通知面试方法是电话通知和短信通知，在预约时还有许多需要注意的事项，能够使人事工作者事半功倍。

◆ 电话预约的细节解剖

①多用敬语。为了表示尊重，应当尽量用"您"而不用"你"。虽然这两个字差别不大，但是对于高素质求职者而言还是会有所区别。而且求职者如果年龄较大，用您更能表示尊重。

②告知公司全称。通知面试时最好告知公司全称，因为简称的识别度不高。同时需要首先询问对方是否方便接听电话，以表尊重。

③适当提示。很多求职者会通过多种渠道求职，当接到通知时可能不清楚自己投了什么职位，这时可以通过短信的方式将详细的信息告知对方，邀请其参加面试。

④详细告知地址和乘车路线。虽然现在各种手机地图很方便，但是出于善意的提醒和礼貌，在通知面试时还是应当将公司地址和乘车路线告知求职者，供其参考。如果不方便在电话里描述的话，还可以通过短信的方式进行通知。

⑤给求职者一个发问的机会。预约时不要只顾自己说话，还要给求职者发问的机会，听听他们的想法和观点。因为毕竟凭自己难以思考周全，同时也可以表达尊重。

⑥以情动人。在交代完面试的相关事宜后不要急着挂断电话，可以根据最近的天气情况和交通情况给求职者适当的提示，让求职者感到温暖。

⑦面试后的跟进。对未能参加面试的求职者，事后应当主动进行电话联系，了解没有来参加面试的原因，以便及时改正自身工作的不足之处。

◆ 预约面试的规范谈话流程

了解了预约应聘者参加面试的注意事项后，下面具体来看预约面试时谈话的具体流程，如图6-3所示。

您好，请问是 ×× 先生 / 女士 / 小姐吗？

↓

我是 ×× 公司人力资源部，我姓 ×，请问您现在方便接电话吗？

↓

您在上周 × 通过 ×××× 向 ×× 公司发了一份求职简历，是应聘我们公司的 ×× 职位，您还记得吗？

↓

我们仔细阅读过您的简历，从简历内容来看，您和我们这个岗位的要求还是很匹配的，希望您能到公司来和我们进行进一步的了解，您觉得明天上午 10:00 可以吗？

↓

我们公司的地址是在 ××××，您可以乘坐地铁 ××、公交 ×× 到 ×× 站，然后向前直行 500 米即可到达，面试时间为明天上午 10:00，希望您能准时参加。如果有什么问题可以通过这个电话号码联系我，稍后我会将具体的面试信息和交通信息通过短信的方式发送给您。

↓

请问您还有什么疑问或是想要了解的吗？

↓

最近因为连续下雨，导致附近的交通比较拥堵，希望您能注意安全，我们明天见。

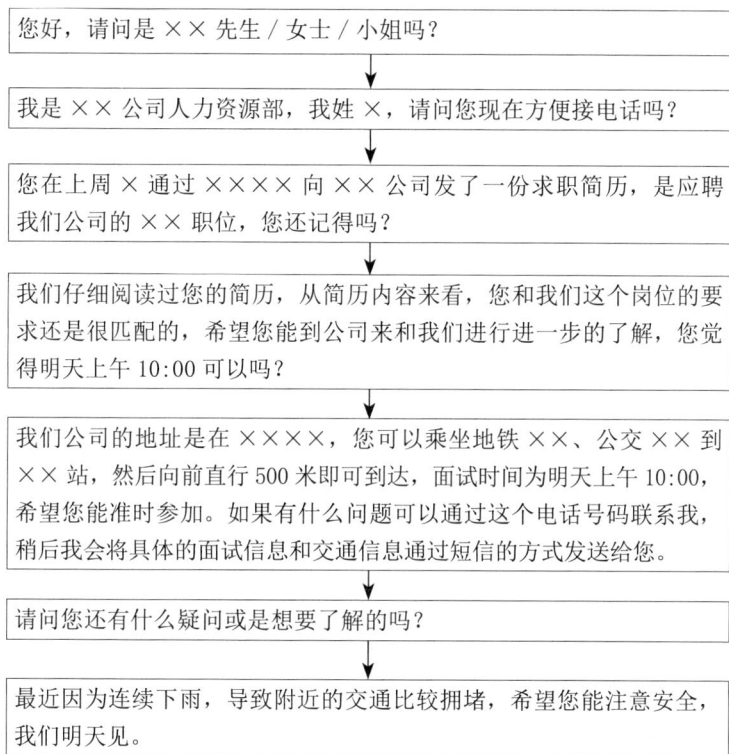

图 6-3　预约面试时的谈话流程

6.2.3　面试怎样提问才恰当

面试提问的技巧是人力资源工作者应当掌握的基本技能，掌握面试的提问技巧能够更高效地开展面试，从面试过程中获取最真实的信息。

面试提问的技巧主要包括两个方面，分别是掌握常用的提问方式以及善于识别求职者的谎言，下面分别进行介绍。

（1）掌握常用的提问方式

面试的提问方式有很多，大概可以分为六种，每种提问方式的作用各不相同，具体介绍见表6-5。

表6-5 面试提问的六种方式

提问方式	具体介绍
开放式提问	提出开放式问题要让求职者作解释和论述，自由地发表自己的意见和看法。可测试求职者多方面素质，由此能获得较多信息。例如"你对最近社会上出现的某种现象有何看法？"
封闭式提问	这种提问方法也比较常见，这种问题需要求职者给出一个明确的答案，比如回答是或否，从而获取准确的信息。例如"之前你在××公司也是负责广告设计工作吗？"
假设式提问	这种提问方式是为了让求职者发挥自己的想象力，从不同的角度去思考问题，从而获知求职者的态度和观点。例如"如果在工作中有个客户对你的设计总是不满意，修改多次也不满意，你会怎么办？"
重复式提问	这是为了向求职者确认信息的准确性。通常是面试官概述求职者的看法，然后要求其确认，以测试求职者的自信心。例如"你刚才说你在上个公司的月薪为 6 000.00 元，这是真的吗？"
举例式提问	这是面试官最喜欢用的一种提问技巧，面试官在考察求职者的工作能力和工作经验的时候，一般都会通过这种方法来提问。例如"过去半年中你所建立最困难的客户关系是什么？当时你面临的主要问题是什么？你是怎样分析的？采取什么措施？效果怎样？"
优选式提问	这种提问方法鼓励求职者在众多选项中进行优先选择，从而检验求职者的判断分析能力和决策能力。例如"你所在的公司中最主要的问题是什么？营业额、考勤、产品质量还是其他？"

通常一次面试中不可能仅使用其中一种提问方式，人力资源工作者应当结合各种面试提问方式设计出合适的提问流程，从而获取需要的信息。

（2）善于识别求职者的谎言

面试过程就是求职者和面试官进行博弈的过程，为了招聘到真正适合岗位的人员，面试官都想尽可能真实地了解求职者。那么面试官应当如何识别求职者的谎言呢？

识别求职者的谎言可以从求职者的口头语言和肢体语言进行判断。求职者通常认为面试官对其过往经历不了解，可能编造谎言。但是由于潜意识的作用，难免会出现破绽，人力资源工作者可以从以下几方面识别。

◆ 表达信息过量

通常情况下，人与人交流都是尽可能的语言适量，透露过多或者过少的信息都容易让人产生一种不自然的感觉，而说谎的求职者很有可能犯这种错误，如下例。

> 面试官："您以前做过两年的广告设计工作，您的月收入多少？"
>
> 求职者："一般是 7 000.00 元左右，主要因为自己工作能力较强，行业前景也不错。"

很显然面试官只问了收入，而求职者却自行开始解释了，存在问题。

◆ 表达内容避免细节

求职者在面对面试官提出的问题时，由于内心的紧张或矛盾，会避免说一些细节，进行笼统的表述，这样就值得怀疑，如下例。

> 面试官："您能说一下以前工作中您和您上级的关系处理的怎么样吗？"
>
> 求职者："我们关系挺好，他是个非常不错的领导，帮助了我很多。"

◆ 刻意回避使用第一人称

由于心虚、不自信或焦虑，求职者在叙述他自己的故事时都会下意识地避免使用第一人称，如下例。

> 面试官："请问您是如何获得在 ×× 公司的实习机会？"
>
> 求职者："其实当时就是为了了解一下行业，在网上看到了 ×× 公司的招聘信息，投简历后很快就被录取了。"

该回答显然没有以第一人称进行表达，显得底气不足，非常值得怀疑。

◆ 内容不合情理

内容不合情理是面试官最容易发现的，求职者回答的内容存在明显的漏洞或自相矛盾的地方，令人产生怀疑，如下例。

> 面试官："您毕业后曾在北京工作过一段时间，能谈谈那段经历吗？"
>
> 应聘者："那是我的第一份工作，开始时做文员，半年以后，就成了总经理秘书，接触到了很多人，工作能力不断提升，月薪达到 8 000.00 元。"

从文员直接变成了总经理秘书，职场新人月薪超出行业标准都很不合理。

此外，人在撒谎时都会有一些不自觉的、细微的心理反应，而这些心理反应很容易引起一些肢体反应。面试官在面试过程中要注意观察求职者的肢体语言。

◆ 眼神

俗话说："眼睛是心灵的窗户"。人们的很多细微的心理变化都可能通过眼睛表达出来。

人们在思考问题时会移动目光，所以如果面试官提出了一个不需要思考的问题，而求职者目光移动了，那么就有很大可能是有什么难言之隐或是在撒谎。

人们在交谈时通常保持目光接触，敢于正视，表明彼此一般不会有问题；相反逃避别人眼神很有可能是害怕自己内心的秘密被别人发现，通常人在说谎时还有其他特殊的肢体语言，例如揉眼睛、拱鼻子等。

◆ 手势与姿势

手势和姿势通常也会代表着人的某种情感或心理状态。当求职者紧张的时候，通常会双手紧握、额头出汗。

当求职者双臂交叉时，通常表示一种防卫、拒绝的状态，显示出矛盾和紧张等心理因素。

◆ 面部表情

通常情况下，撒谎者的面部表情和状态会出现一些特殊的变化，下面进行具体介绍。

①说谎时面部会发红发烫或面色苍白，如果被识破会更加紧张。

②假笑也是识别谎言的关键线索。说谎的人的微笑很少表现真实的情感，更多是为了掩饰内心的恐惧。通常求职者出现假笑和高音量说话的状况，他就很可能在说谎。

6.3 通过培训设计将培训内容落到实处

培训是企业中的重要活动，新员工入职需要培训、员工岗位变动需要培训、企业生产设备更新需要培训……这就要求培训前做好培训设计工作，将培训活动落到实处。

6.3.1 培训需求分析是培训设计的前提

明确培训需求，才能够在此基础上进行培训设计。培训需求分析是由培训部门采取各种办法和技术，对组织及成员的目标、知识和技能等方面进行系统的鉴别与分析，从而确定培训必要性及培训内容的过程。

通常情况下，由于工作变化、人员变化及绩效变化可能会产生的培训需求，人力资源工作者要注意分辨。

培训需求分析是一种常态化的工作，因此需要遵循一定的工作流程，具体如图6-4所示。

1	查找绩效差距。企业战略或企业文化需要的员工能力与员工实际能力之间的差距导致低效率，阻碍企业目标的实现。只有找出存在绩效差距的地方，才能确定是否通过培训手段消除，提高员工生产率。
2	寻找差距原因。发现了绩效差距的存在，并不等于完成了培训需求分析，还必须寻找差距的原因，不是所有的绩效差距都可以通过培训的方式去消除。
3	确定解决方案。找出了差距原因，就能判断应该采用培训方法还是非培训方法去消除差距。企业根据差距原因有时采用培训方法，有时采用非培训方法，有时也采用培训与非培训结合的方法。

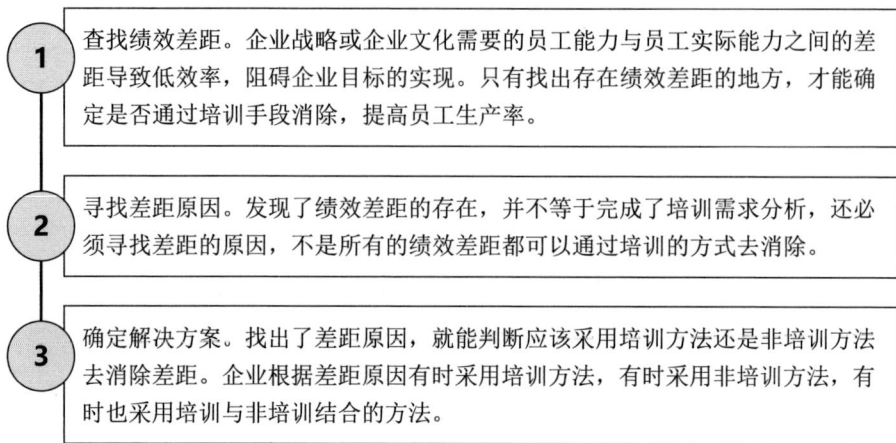

图 6-4　培训需求分析流程

员工培训需求分析是进行培训的前提工作，作为人力资源工作者，需要知道培训需求分析要从哪些方面进行。

（1）培训需求的层次分析

按照不同层次进行培训需求分析，会得到不同的结果。培训需求的层次分析可以从前瞻性层次分析、组织层次分析和员工个人层次分析 3 个方面进行，下面具体介绍。

①前瞻性层次分析。是对未来的分析，由人力资源部发起，主要考虑改变组织优先权、人事预测和组织态度三方面的因素。

②组织层次分析。对比找出企业存在的问题并确定是否培训，考察企业目标和对目标产生影响的因素。

③员工个人层次分析。主要是通过对比个人实际绩效与绩效标准来分析员工技能要求的差距。个人实际绩效依据员工业绩、技能测试和个人需求调查问卷获得。

这里提到了员工的绩效问题，将在下一章节中进行具体介绍。

（2）培训需求的对象分析

不同的培训对象有不同的培训需求，因此考虑培训分析时，要针对不同的培训需求对象进行具体分析，可以分为新员工需求分析和在职员工需求分析。

①新员工培训需求分析。对企业文化、制度以及工作岗位职责的培训，通常使用任务分析法。

②在职员工培训需求分析。对于在职员工，主要针对新技术、技能要求的培训，通常使用绩效分析法。

（3）培训需求的阶段分析

培训需求的阶段分析主要是对不同阶段的培训内容进行分析，例如分析当前需求、未来需求及能力需求等。

①目前培训需求分析。主要分析目前企业员工存在的不足，并以此为依据制订培训计划。

②未来培训需求分析。主要分析未来企业员工需要掌握的技能或是企业为了向某方面发展要求员工需要具备的知识和技能，以此为依据制订培训计划。

③能力需求分析。分析员工能够完成当前工作或更高层次的工作需要具备的能力。

6.3.2　培训课程设计的要素与原则

人力资源工作者在设计培训课程时，需要了解课程设计的要素和需要遵循的原则，这样才能制订出与企业实际需求相匹配的培训计划。下面具体介绍培训课程设计要素和需要遵循的原则。

（1）培训课程设计要素

培训课程设计要素主要是指培训课程的基本构成要素，主要包括十部分，具体介绍见表 6-6。

表 6-6　培训课程设计十要素

要　素	具体介绍
课程目标	指学习的方向和过程中各阶段应达到的标准，应根据环境的需求确定
课程内容	可以是学科领域的概念、原理和技能等，也可以是过程、程序和标准
课程教材	将学习的内容呈现给学员的载体，是一个囊括所有学习内容的资料包
教学模式	指学习活动的安排和教学方法的选择，它与课程目标直接相关
教学策略	教学程序的选择和资源的利用，与学习活动密切相关，是重要组成部分
课程评价	用来评估学员对学习内容掌握的广度和深度，以及课程目标完成程度
教学组织	其形式主要包括面向学员的班级授课制和分组式授课制
课程时间	要提高时间的利用率
课程空间	主要指教室，以及其他可以利用的场所
培训讲师	根据培训课程的目标和内容要求而定，是培训课程的执行者

在考虑培训课程要素时，也要考虑学员。学员是培训课程的主体，他们不但是课程的接受者，同时也是一种可利用的学习资源。

（2）培训课程设计需要遵循的原则

培训课程设计合理是培训成功的先决条件，因此，要设计合理的培训课程为实施培训进行铺垫，在设计过程中需要遵循以下原则。

①培训课程设计的根本任务是满足企业与学习者的需求。

②培训课程设计的基本要求是应体现成年人的认知规律，应该目标明确，实用性强，形成合理的学员合作学习方式。

③培训课程设计的主要依据是现代系统理论中的五大类基本原理，培训课程就是一个系统，要综合考虑各个要素之间的相互联系。

6.4 高效实施培训，做好评估工作

培训的实施工作是整个培训的重要过程，培训实施的好坏关系到整个培训活动的质量，因此人力资源工作者需要重点关注。此外培训活动结束后，还需要对培训工作进行评估和后续跟进，了解培训的质量。

6.4.1 拟定并提交一份完整的培训方案

实施培训的首要工作就是先拟订一份培训方案，然后进行提交审核。那么，应当如何制订一份培训方案呢？

一份完整的培训方案应包括表 6-7 所示的内容。

表 6-7 完整培训方案包括的内容

要 素	具体介绍
培训目的	培训的目的主要是说明为什么要进行培训。这样才能确定员工培训的目标、范围、对象和内容，也更容易使培训计划通过
培训对象和内容	确定培训对象和内容，即明确培训谁，培训什么，进行何种类型的培训
培训范围	企业员工培训的范围一般都包括四个层次，即个人、基层（班组或项目小组）、部门（职能和业务部门）和企业
培训时间	培训时间受到培训的范围、对象、内容、方式、费用以及其他与培训有关的因素影响，需要进行综合考虑。如专题报告一般安排半天到一天即可；较为复杂的培训内容，一般要集中培训

续上表

要　素	具体介绍
培训地点	培训地点一般都指学员接受培训的所在地区和培训场所。如针对个人的岗位技能培训，一般都安排在工作现场或车间；其他类型的培训可以安排在工作现场，也可以安排在特定的地点
培训费用	培训费用即培训成本，它是指企业在员工培训的过程中所发生的一切费用，主要包括两部分，分别是直接成本和间接成本
培训方法	为了更好地达到培训的目的，完成培训预订的目标，必须根据培训资源配置的状况，正确地选择适用的方式方法
培训讲师	企业培训应当以员工为中心，培训的管理工作应当以讲师为主导，如果培训讲师的水平不高，那么员工的培训也将难以达到既定的目标
计划实施	为了保证培训方案的顺利实施，培训方案还应当提出具体的实施程序、步骤和组织措施，包括选好培训班的负责人及管理人，做好相关部门的协调工作等

完成培训方案的制订后，还需要将培训方案提交给主管领导进行审核，确认通过后即可实施。下面来看具体的培训方案。

实用范本 公司培训方案

一、培训目的

1. 让新员工进一步了解公司概况、规章制度及组织结构，使其更快适应工作环境。

2. 让新员工熟悉新岗位职责、工作流程、与工作相关的知识以及服务行业应具备的基本素质。

二、培训程序

1. 人数多、文化层次和年龄结构相对集中时，由公司人力资源部同各部门负责人共同培训，共同考核。（定期：3 个月一次）

2. 人数较少、分散时，由具体用人部门负责培训，培训结果以单位和员工书面表格确认为证。（不定期的培训）

三、培训内容

1. 公司岗前培训——人力资源部准备培训材料。

主要是要对新来员工表示欢迎；按照公司行业特点、组织结构、工作性质、有关规章制度和本公司服务行业基本素质准备手册或专人讲解；指定新员工工作部门的经理或组长作为新员工的贴身学习辅导老师；解答新员工提出的问题。

2. 部门岗位培训——新员工实际工作部门负责。

介绍新员工认识本部门员工；参观工作部门；介绍部门环境与工作内容、部门内的特殊规定；讲解新员工岗位职责要求、工作流程与工作待遇，指定一名资深老员工带新员工；一周内，部门负责人与新员工进行交换意见，重申工作职责，指出新员工工作中出现的问题，回答新员工的提问；对新员工一周的表现进行评估，给新员工下一步工作提出一些具体要求。

3. 公司整体培训——人力资源部负责。

分发"员工培训手册"，简述公司历史与现状，描述××有限公司的地理位置、交通情况；公司的企业文化与经营理念；公司组织结构及主要领导、公司各部门职能介绍，主要服务对象、服务内容、服务质量标准等；公司有关政策与福利、公司有关规章制度以及员工合理化建议采纳的渠道；解答新员工提出的问题。

四、培训反馈与考核

1. 人力资源部制作的培训教材须经过公司总经办审核，并交人力资源部存档，所进行人力资源部的部门培训应在公司总经办的指导下进行。人力资源部每培训一批新员工都必须完成一套新员工培训表格，部门与人力资源部的培训要紧密连接，不要出现培训的空档。

2. 培训实施过程应认真严格，保证质量，所有培训资料注意保存，并注意在实施过程中不断修改、完善。

3. 培训结果经人力资源部抽查后，上报公司总经办，总经办对人力资源部及本门培训新员工培训情况每3个月给人力资源部总结反馈一次。

五、新员工培训实施

1. 召集各部门负责培训的人员，就有关公司新职工培训实施方案，征求与会者意见，完善培训方案。

2. 公司尽快拿出具有针对性的培训教材，落实培训人选。

3. 公司内部宣传"新员工培训方案"，通过多种形式让全体职工了解这套新员工培训系统，宣传开展新员工培训工作的重要意义。

4. 所有新员工在正式上岗前，都必须在公司集中培训一次（培训内容见人力资源部岗前培训）；然后再到具体工作部门进行培训（培训内容见部门岗位培训）；公司可根据新员工基本情况安排相应的培训教材和时间，一般情况下，培训时间为 1 ～ 3 天；根据新员工人数，不定期实施整体的新员工培训，总体培训时间一周为宜，培训合格名单报公司人力资源部。

5. 公司从 ×××× 年 ×× 月开始实施新员工培训方案。

6.4.2　如何控制培训出勤情况

很多企业在开展培训时，员工的出勤情况并不好，即使企业已经事先做好了培训的相关工作。那么为什么会出现这种情况呢？原因主要有如下几点。

①培训相关负责人对培训的实施没有引起重视，导致培训实施效果不理想。

②在制订培训计划时没有对员工出勤进行规范。

③对缺勤信息没有进行记录，对员工缺勤情况也不太清楚，导致员工不重视。

员工自觉是一方面，需要相关规定进行约束也是必不可少的。要想规范员工出勤，提高出勤率，可以制作培训签到表对培训出勤情况进行规范，还可以将出勤情况纳入考核，提高员工参加培训的积极性。

要制作培训签到表，则需要知道培训签到表应当包含哪些内容，分为几个部分，具体介绍如下。

①基础信息。主要是培训相关的基础信息，包括培训课题、组织单位、授课人、培训对象及培训时间等。

②当日培训信息。主要是介绍培训的内容、目的及培训成效等。

③签到信息。主要是培训的签到信息，每位参加培训的员工都应当填写，主要包括姓名、职位和所在部门等。

下面来看员工培训签到表模板，见表6-8。

实用范本 员工培训签到表

表6-8　员工培训签到表

年　　　月　　　日

培训主题							
培训时间				培训地点			
培训主持人				记录人			
序号	姓名	部门	签到	序号	姓名	部门	签到

6.4.3　培训结束后的考核、评估和跟进

培训工作结束后并不意味着整个培训工作结束，还需要对培训工作进行考核和评估，之后对培训的具体效果进行跟进，这样才能知道培训是否达到预期效果。

（1）培训效果的考核和评估

培训效果评估通常是在培训活动结束后开展，对培训计划是否完成或达到效果进行评价和衡量。通常从反应、学习、行为和结果四类基本培训成果或效应来测定受训者的培训情况。

①反应层面。主要是让受训人员对培训讲师和具体的培训内容情况等进行反应。这是一种浅层评估，通常是在培训过程中或是培训刚刚结束时通过问卷调查表的形式进行评估。

②学习层面。主要是考核受训人员通过培训具体掌握了多少知识和技能。可以通过书面考试或撰写学习心得报告的形式进行检查。

③行为层面。该层面关心的是受训人员在培训后能否将培训中掌握的知识和技能应用到工作中，从而提升工作绩效，通常通过绩效考核的方式进行。

④结果层面。这类评估的核心问题是通过培训是否对企业的经营结果产生影响。结果层面的评估内容是一个企业组织培训的最终目的和重点内容。

根据确定的评估目的和内容，选择评估的方法，对不同的培训可以采取不同的评估方法。下面对培训方法进行具体介绍，见表6-9。

表6-9 培训效果的评估方法

类　别	方　法	具体介绍
主观评价	现场评估法	现场评估法主要是在培训的各个阶段或培训结束后，针对培训的内容、讲师讲授的技巧、培训过程中的氛围和组织工作等进行现场答卷。此方法成本较低，允许从大量样本中收集信息，便于进行分析
	测试比较法	主要是针对应用知识技能培训成果进行考核，即在培训开始和结束时分别用难度相同的测试题对受训人员进行测试，然后对两次测试结果进行比较 　如果受训人员在培训结束后的测试成绩比培训之前的测试成绩提高很多，则表明经过培训后受训人员确实提高了知识、技能

续上表

类 别	方 法	具体介绍
主观评价	测试评估法	包括书面测验与操作测验。书面测验用于了解学员已掌握的知识，这种方法成本低，容易实施；操作测验的作用在于让学员了解他们的学习成果，能够强化培训效果，但这种方法耗费时间长，成本较高
客观评价	考察比较法	实地观察受训人员的工作实况，评估培训的成效。如根据实地观察发现，受过培训的员工在工作热诚、工作态度和责任心等方面有明显的改善，则可认定培训已发生效果。还可以比较受训人员和未受训人员的工作情况
	访谈法	访谈法的应用范围很广，可以了解受训人员对某培训方案或学习方法的反应；了解受训人员对培训目标、内容与自己实际工作之间相关性的看法；检查受训人员将培训内容在工作中应用的程度；了解影响学习成果转化的工作环境因素；了解受训人员的感觉和态度
	绩效评估法	培训结束后，每隔一段时间培训部门以书面调查或实地考察形式，了解受训人员在工作上取得的成绩，从中可确认培训有无成效。有的工作还可以使用定量的工作绩效评估方法，如事故率、产品合格率来反映培训效果

培训结束后，通常还需要员工对培训进行整体评价，方便相关人员对培训计划进行改进。培训效果评估表模板见表6-10。

实用范本 培训效果评估表

表6-10 培训效果评估表

课程名称：						讲师：	
上课时间：							
亲爱的学员： 　　××单位非常感谢你的参与！非常希望能得到你的宝贵意见以改善讲师培训效果和培训组织工作，请你根据客观情况填好下表，谢谢你的合作与支持！							
讲师满意度调查							
讲师	表达能力 （20分）	课件准备 （20分）	针对性 （10分）	教学方法 （20分）	达成目标 （30分）	其他	总分

续上表

课程满意度调查

1. 你认为本次培训内容如何?
□非常符合补充受益　　　□基本符合简单应用　　　□不符合需求无收获

2. 你认为培训形式如何?
□生动、精彩、交流互动　　□比较生动,有一定吸引力　□呆板,不吸引人

3. 你认为讲师表达清晰准确吗?
□清晰完整　　　　　　　□一般　　　　　　　　　□模糊欠完整

4. 你认为培训时间安排如何?
□时间合理,长短适中　　　□较为合理　　　　　　　□应予调整

5. 你认为培训师准备如何?
□充分准备　　　　　　　□良好准备　　　　　　　□仓促且经常出错

6. 你认为培训氛围效果如何?
□活跃保证学习效果　　　□不是很好,需要改进　　　□氛围很差

7. 培训达到你设定的期望了吗?
□达到或超过预期　　　　□基本达到预期　　　　　□没有达到预期

8. 你满意本次培训的组织工作吗?
□满意　　　　　　　　　□一般　　　　　　　　　□不满意

9. 你认为此次培训还应增加哪些方面的课程:
_____

10. 对培训师授课你认为还需在哪些方面提高:
_____

11. 你从此次课程学到了哪些知识点:
_____

12. 你能够将哪些内容应用到实际工作中? 可以提高你哪方面工作品质? 提升百分比估计是多少?
_____
_____

（2）培训工作的后续跟进

很多企业都知道培训的重要性,但是常常出现培训后绩效毫无起色的情况。究其原因,多为培训结果在组织中没有得到充分的贯彻。这就要求企业做好培训的后续跟进工作,确保培训的价值。

那么培训工作的后续跟进工作应该从哪些方面入手，才能确保培训工作的效果呢？具体如下所示。

①在培训工作结束后员工的正常工作中，应当充分发挥上级领导的作用，经常与员工进行交流，了解培训对于实际工作的作用，积极引导员工运用培训成果。

②培训工作结束后，积极跟踪员工半年的绩效走势情况，了解通过培训是否能够增加员工的绩效。

③培训结束后可以定期召开交流会议，通过会议交流讨论培训的重点，以及在培训工作中的应用方法，帮助企业员工整体提高工作效率，最终使企业效率提高。

以上这些工作中获取的信息都可以进行整理，然后在后续的培训工作中进行调整，不断完善企业的培训工作，提升培训工作效率，实现良性循环。

工作梳理与指导

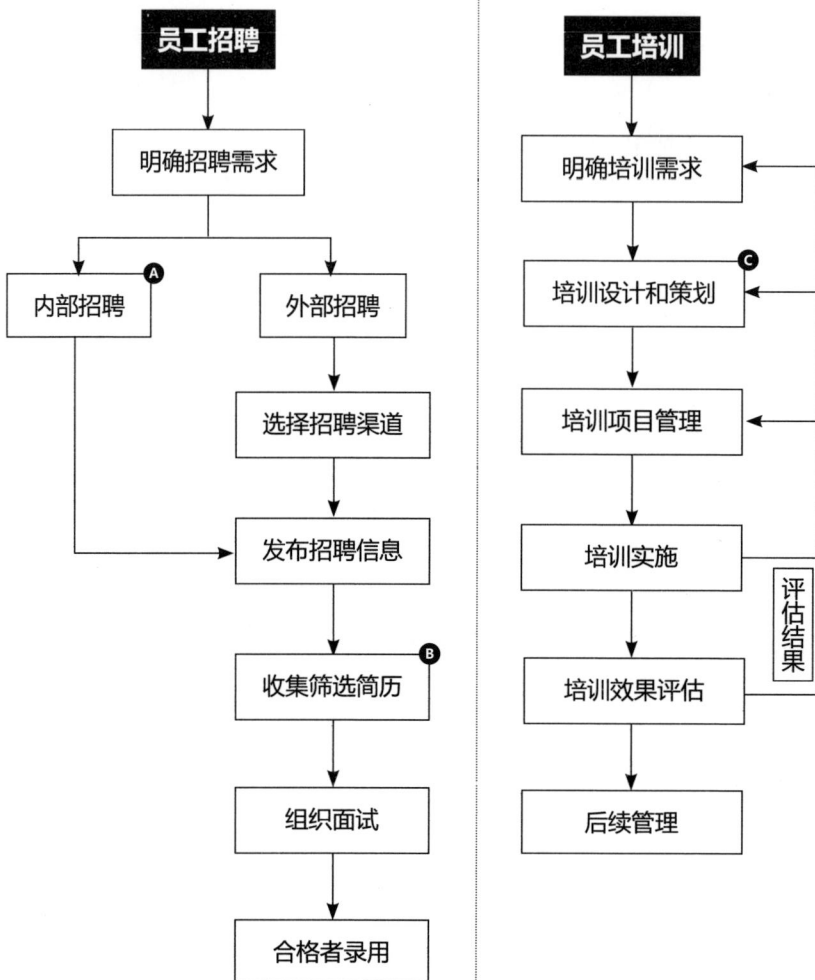

员工招聘

明确招聘需求

内部招聘 Ⓐ　　　外部招聘

选择招聘渠道

发布招聘信息

收集筛选简历 Ⓑ

组织面试

合格者录用

员工培训

明确培训需求

培训设计和策划 Ⓒ

培训项目管理

培训实施

评估结果

培训效果评估

后续管理

流程梳理

按图索骥

🅐 内部招聘是指在企业出现职务空缺后，从企业内部选择合适的人选来填补这个位置。内部招聘具体又分为提拔晋升、工作调换、工作重换和人员重聘几种方法。对于经济欠发达地区，人才资源匮乏，知名度较低，招聘资金预算有限的企业通常会开展内部招聘；而一些大型企业也会通过人才培养和储备的形式为高层次职位谋求合适人选，这样不仅能调动员工的积极性，还能够相应地降低招聘成本。内部招聘招聘到的员工由于对企业内部的运转比较熟悉，因此能够快速上手工作，省去了培训的麻烦。此外，对于内部招聘中落选的优秀人员，可以将其记录在信息库中，在有相似的岗位需求时，可以优先进行考虑，提高内部招聘的效率。

🅑 收集筛选简历是企业招聘过程中一项重要工作。通常企业发布招聘信息后，会收到大量的简历，其中必然存在企业不需要的求职者，因此人力资源工作者就需要通过硬性指标和关键点筛选简历，只有这样才能找到符合要求的简历。

🅒 开展培训工作前要进行培训设计，首先进行分析调查，了解清楚具体情况；然后收集素材，包括别人做得比较好的 PPT 课件，课程相关的文章资料、课程中需要的案例、故事、视频及互动游戏等；接着列出培训课程的具体提纲，进行课程开发；之后根据课程的具体情况设计培训课件；最后还需要对制作的培训内容和课件进行修改，还可以向同事或者领导寻求意见，不断改进。

答疑解惑

问：要想招聘到忠诚度高的员工，企业应当如何进行改变？

答：忠诚度不是绝对的，在其他企业忠诚度高的，不见得在本企业也有很高的忠诚度，这跟企业文化、薪酬福利、环境和领导风格等方面都有关系。要想招聘到的员工忠诚度高，企业需要进行自我提升。此外，在招聘员工时做一定的背景调查，了解清楚员工的具体离职原因，还可以从言谈中了解求职者的求职心理。

问：不了解员工过去很难开展招聘工作，应当如何对所招聘的员工进行背景调查？

答：背景调查通常企业在组织招聘活动时都会涉及，但是许多人力资源工作者不知道应该如何招聘，哪些事项需要注意。背景调查主要有以下几个要点，人力资源工作者需要注意：①被调查人授权，背景调查要让被调查人知情；②不涉及被调查人尚未离职的企业；③不涉及被调查人个人隐私；④第三方仅记录客观情况，不评价被调查人是否胜任；⑤给予认为有问题的被调查人申辩权利；⑥被调查人信息保密。

答疑解惑

问： 很多时候高层人才容易找，而基层员工却难找，这个问题应当如何解决？

答： ①尽快找到与周边其他企业的差异，用差异优势去竞争，有时候不一定是钱能解决问题的；②改变现有的渠道，避免用太多的中介、派遣人员，避免出现员工大量离职，影响企业人力资源稳定；③部门设立一个岗位评价人员，重新梳理岗位流程和工作量，合理去整合分配人力；④如果薪资没有办法调整了，那么就要调整福利，调整直接薪酬和福利的支出，在保持总量平衡的情况下，适当地增加直接薪酬；⑤在一线去找一部分能帮企业做事的人，让他们帮助企业进行宣传。

问： 企业目前招聘到的员工留下的比例较低，如何培训才能留住新员工呢？

答： ①拆分培训重点，培训一定要有针对性。以业务技能培训为例，针对业务技能相关岗位培训是最起码的原则，在此基础上企业还必须考虑不同员工层面对业务技能培训关注点的不同，新老员工关注点的不同。对新员工的培训要特别关注通过细致入微的讲解与分析，让新员工在最短的时间内掌握基本的业务技能，能够以接近于周围同事的工作效率完成目标任务，增加其对工作及个人发展的信心。②关注文化理念培训，企业的文化理念是企业的管理者带领员工或借助外脑提炼、总结的。任何人对其理解的深度都不如企业的管理者，任何人也没有那么多的企业内部素材来支撑这些理念，任何人也不能像管理者那样深入的剖析自己和企业。③为员工职业发展进行培训，员工对企业产生更强烈的归属感，而归属感是员工忠诚度的基本前提。相信把这些做好了，员工不会轻易选择离职的。

实用模板

公司员工培训管理制度	培训效果反馈表	委托培训实习鉴定表
培训费用预算表	企业招聘管理制度	新员工培训跟踪评估表
培训课程汇总表	人力资源开发与培训制度	新员工试用申请及核定表
培训课程计划表	人事变动管理制度	应聘人员登记表
培训评估反馈表	外派培训申请表	员工晋升考评表

第7章

制定科学的绩效考核与薪酬体系

绩效管理是企业都比较重视的工作，只有完善企业绩效管理，保障绩效考核的质量，才能保障绩效管理的激励作用。良性的企业薪酬体系，不仅能够保障员工的基本工资需求，还能够提升员工的竞争力。

7.1 构建体系，做好企业的绩效考核

绩效考核是指对照工作目标和绩效标准，采用科学的考核方式，评定员工的工作任务完成情况、工作职责履行程度和发展情况，进行结果反馈。要做好企业绩效考核，首先需要构建绩效考核体系，下面进行详细介绍。

7.1.1 了解绩效管理工具和考核阶段

人力资源工作者要想合理开展绩效管理，需要了解企业绩效管理的常用工具和绩效考核阶段。

（1）常用的绩效管理工具

绩效管理工具的种类较多，这里主要介绍其中较为常用的六种，以及其各自的优缺点，见表7-1。

表7-1 常用的绩效管理工具及其优缺点

工 具	介 绍	优 点	缺 点
目标管理（MBO）	MBO主要是针对成果和行为难以量化的工作。在使用MBO的过程中非常强调员工的参与，管理者与员工通过协商达成共识，共同制定目标，共同承担责任	员工参与度很高，提高了员工的主动性和积极性；利于部门内部的沟通协作以及良好氛围的建立；易于操作，考核成本低	MBO强调结果实现，但忽视了过程控制，容易出现只知道目标不知道如何实现的情况；设定的目标基本上都是短期目标，忽视了长期目标
关键绩效指标（KPI）	KPI理论基础来源于二八原理，即一个公司价值创造过程中，每个部门或每个员工80%的成果，是由20%的关键行为完成的。抓住这20%，就抓住了主体	与公司战略和预算目标组合成闭环，对于达成员工的关键目标有强大驱动力，利于步调一致的管理	过于关注量化结果，影响员工的利益与服务质量，与创新产品、服务、提高用户体验和增加用户粘性的理念相悖

续上表

工 具	介 绍	优 点	缺 点
360度评估反馈	由员工、上级、直接部署、同事甚至顾客等从全方位、各个角度来评估人员的方法。评估内容可能包括沟通技巧、人际关系等	几乎能让所有的员工都参与进来，提供了上级和下属间沟通的公开平台	考核成本高、信息不真实、考核培训工作难度大、主观意志影响大
平衡计分卡（BSC）	BSC平衡计分卡从财务、客户、内部运营、学习与成长四个角度，将企业的战略落实为可操作的衡量指标和目标值的一种绩效管理工具	BSC反映企业综合经营状况，使业绩评价趋于平衡和完善，利于企业长期发展	不能单独使用，要和KPI或激励手段组合使用，设计要求较高
目标与关键成果（OKR）	OKR目标自下而上提出，并明确要达成目标所获得的关键结果	对目标层层分解，形成行动计划，实时对过程进行管控和评估	重点是过程和行为，缺少有效的物质激励手段，员工动力不足
薪酬全绩效（KSF）	KSF的理论基础是将KPI、BSC、OKR结合，汲取了各个工具的优势。提取考核对象的核心价值点，设计3～6个关键指标，每个指标配置不同的权重和平衡点。当实际贡献成果超过平衡点，即获得奖励	岗位定薪或职级定薪，以价值决定定薪方式，注重结果，实现多劳多得；使用场景广泛，减少了计薪、加薪的难度	对于没有绩效基础的企业，需要梳理数据和建立适用的管控监督流程

除了上表中介绍的六种绩效管理工具外，还有一些其他的绩效管理工具。例如经济增加值模型（EVA），以及作业成本分析法（ABC）等，人力资源工作者可以选择合适的绩效管理工具使用。

（2）绩效考核要经历的阶段

对于企业来说，绩效考核的开展情况能够反映其管理水平，且绩效考核会在企业发展过程中产生变化。企业的绩效考核推行由无到有，往往会经历四个阶段，如图 7-1 所示。

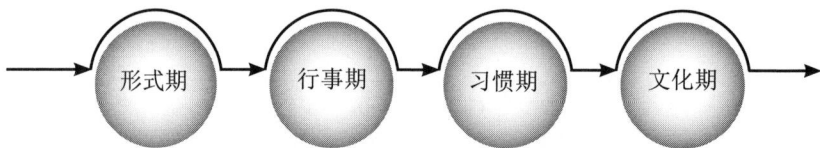

图 7-1　绩效考核推行的四个阶段

下面分别对各个阶段进行介绍。

①形式期：这阶段主要是绩效考核工作刚开始推行，此阶段往往处于尝试阶段，考核结果可以不与绩效工资挂钩。此时主要的目的是培养各级考核人员的能力，让其掌握考核方法、流程等，为以后正式推行做准备。

②行事期：此阶段绩效考核已逐步开展、渐入佳境，各级人员已经开始逐步适应绩效考核。此时考核开始与绩效工资、利益以及岗位升降等挂钩，真正进入实操阶段。

③习惯期：经过前两个阶段后绩效考核已形成习惯。到这个阶段的企业，基本上一到考核周期，由上至下会自发地进行考核，统计考核数据，计算绩效工资。一旦涉及员工薪酬调整、晋升，会首先以过往的绩效为依据。

④文化期：经过不断考核，加深员工的印象，使绩效考核与企业文化结合在一起。员工逐渐希望被考核，考核已成为企业的一种常态，企业呈现一种公平竞争、公开要求的平等氛围，有利于企业良性发展。

了解了绩效考核需要经历的各个阶段后，人力资源工作者在实施绩效考核的时候就应当做到循序渐进，不要期望一步到位，那样不仅难以获得企业员工的支持，也难以达到预期的效果。

要想绩效考核能够取得较好的效果,就需要顺应绩效考核的发展阶段,让员工逐渐适应,从而形成一种常态的工作。

知识扩展 绩效考核体系设计步骤

绩效考核在发展过程中应当逐渐形成一种体系,这样有利于规范绩效考核过程。绩效考核体系的建立,是进行员工考核工作的基础,也是保证考核结果准确、合理的重要因素,有利于评价员工工作状况。要设计企业绩效考核体系,主要需要遵循如图 7-2 所示的八个步骤。

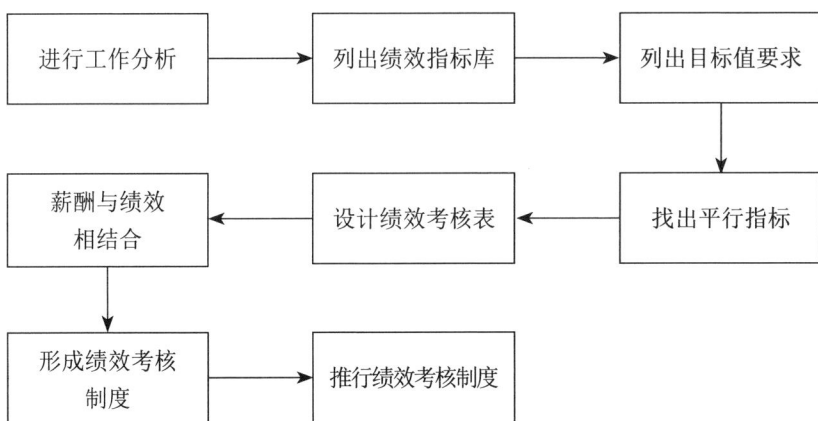

图 7-2 绩效考核体系设计步骤

7.1.2 如何制定绩效考核管理制度

企业的绩效考核应当是具有针对性的,而不是与其他企业相似。因为一个企业的绩效是不能复制和模仿的,只有结合实际的情况对绩效进行定标和定量,并且持续改进,才能使绩效管理更加完美。

如果企业要求人力资源部门制定绩效考核管理办法,应当如何操作呢?下面具体从绩效考核管理制度的内容角度出发,介绍绩效考核管理制度的制定方法,见表 7-2。

表 7-2　绩效考核管理的制定方法

制度内容	操作方法
明确绩效考核目的	不同的企业制定绩效考核管理制度的原因是不同的，因此在制定绩效考核管理制度时，首先要根据企业的具体情况确定绩效考核目的。例如"为了评估企业员工工作绩效，发现优秀人才，提高企业工作效率，特制定本办法"
确定考核基本信息	考核的基本信息是指绩效考核管理制度中应当具备的基础信息，主要包括考核时间、考核原则、考核范围以及考核形式等
明确考核资料	考核资料是指进行考核时需要参考的资料，不同岗位的绩效考核参考的资料可能不同
绩效考核程序	是指企业进行绩效考核的具体流程，此流程应当设置准确，有助于相关人员参考
考核结果处理	进行完绩效考核并非结束，通常情况下还需要产生考核结果，并对不同的考核结果进行不同的处理

　　由于企业的绩效考核侧重点不同，其绩效考核管理制度应当有所不同，因此绩效管理制度的内容可能并不局限于以上介绍的几点，下面通过具体的制度进行介绍。

实用范本 人力资源总监职位说明书

第一条　绩效考核目的

　　1. 绩效考核是在一定期间内科学、动态地衡量员工工作状况和效果的考核方式。透过制定有效、客观的考核标准，对员工进行评定，以进一步激发员工的用心性和创造性，提高员工工作效率和基本素质。

　　2. 绩效考核使各级管理人员充分了解员工的工作状况，透过对员工在考核期内的工作业绩、态度以及潜力的评估，充分了解其工作绩效，并在此基础上制定相应的薪酬调整、股权激励及人事变动等激励手段。

第二条 绩效考核作用

1. 了解员工对组织的业绩贡献。

2. 为员工的薪酬调整决策带来依据。

3. 为员工的晋升、降职、调职和离职带来依据。

4. 了解员工对培训工作的需要。

5. 为人力资源部规划带来基础信息。

第三条 绩效考核原则

1. 公开的原则，即考核过程公开化、制度化。

2. 客观性原则，即用事实标准说话，切忌带入个人主观因素或武断猜想。

3. 反馈的原则，即在考核结束后，考核结果务必反馈给被考核人，同时听取被考核人对考核结果的意见，对考核结果存在的问题做出合理解释或及时修正。

4. 时限性原则，即绩效考核反映考核期内被考核人的综合状况，不溯及本考核期之前的行为，不能以考核期内被考核人部分表现来代替其整体业绩。

第四条 绩效考核时间安排

绩效考核包括月度绩效考核、季度绩效考核和年度绩效考核。

1. 月度绩效考核适用于勤务系列、技术系列（不含副总工）和管理系列的主管人员（不含销售人员）。

2. 季度绩效考核适用于副总工、各部门经理、副经理和主管（不含销售管理人员）。

3. 年度考核：适用于所有人员。

第五条 考核小组组成

1. 组长由总经理担任，负责提出年度绩效考核总体要求。

2. 副组长由分管人力资源副总经理担任，负责监督考核过程并负责处理考核中出现的突发事件。

3. 执行组长（负责日常业务的执行）由人力资源部经理担任，负责组织安排各部门负责人为部门各岗位做绩效考核。

4. 组员由其他高级管理人员担任，负责按时完成对直接下属的绩效考核，指导并监督本部门绩效考核工作的开展。

5. 人力资源部作为办事机构，负责收集整理各部门考核结果并统一备案。

第六条　考核小组职能

1. 成立考核小组是为了组织、实施和监督绩效考核工作。

2. 小组成员负责按时完成适用于副总工、各部门经理、副经理和主管（不含销售管理人员）的绩效考核，指导并监督本部门绩效考核工作的开展，审查批准分管部门的考核结果。

3. 考核小组不定期抽查部门考核结果，并针对不合理的考核结果及时提出推荐并纠偏。

4. 负责修正公司现有考核制度与考核实际状况可能存在的矛盾，从而使绩效考核制度简明有效并易于操作，最终提高被考核人的工作业绩。

5. 负责处理考核过程中被考核人的申诉工作，以确保绩效考核工作公平、公正、公开地开展。

7.1.3　选择合适的方法开展绩效考核

开展绩效考核首先需要明确绩效计划，也就是企业将企业目标进行层层分解，落实到各个部门、员工。还需要对绩效考核计划进行分解，确定绩效考核指标。明确绩效考核指标后，即可采用相应的方法对员工的绩效情况进行考核。

（1）确定绩效考核指标

绩效考核指标是进行绩效考核的关键，绩效考核要取得成功，就需要确定有效的绩效考核指标。因此绩效考核指标作为绩效考核体系的中间环节，也越来越受到关注。

要确定绩效考核指标，首先需要了解绩效考核指标的确定流程，具体介绍如下。

步骤一：工作分析。根据考核目的，对被考核对象岗位的工作内容、性质以及完成这些工作所需要的条件等进行研究和分析，从而了解被考核者在该岗位工作所应达到的目标、采取的工作方式等，初步确定绩效考核的各项要素。

步骤二：工作流程分析。绩效考核指标必须从流程中去把握。根据被考核对象在流程中扮演的角色、责任以及同上游、下游之间的关系，来确定衡量其工作的绩效指标。

此外，如果流程存在问题，还应对流程进行优化或重组，使之最终达到标准。

步骤三：绩效特征分析。可以使用图示标出各指标要素的绩效特征，按考核程度分档。如可以按照非考核不可、非常需要考核、需要考核、需要考核程度低，以及几乎不需要考核五档对上述指标要素进行评估，然后根据少而精的原则按照不同的权重进行选取。

步骤四：理论验证。依据绩效考核的基本原理与原则，对所设计的绩效考核要素指标进行验证，保证其能有效、可靠地反映被考核对象的绩效特征和考核目的要求。

步骤五：要素调查，确定指标。根据上述步骤初步确定要素后，还需要运用多种灵活的方法对要素进行调查，最后确定绩效考核指标体系。

在进行要素调查和指标体系的确定时，往往将几种方法结合起来使用，使指标体系更加准确、完善和可靠。

步骤六：修订。为了使确定好的指标更趋于合理，还应对其进行修订。修订分为两种，一种是考核前修订。通过专家调查法，将所确定的考核指标提交领导、专家会议及咨询顾问，征求意见，修改、补充和完善绩效考核指标体系；另一种是考核后修订。根据考核结果及考核结果应用之后的效果等情况进行修订，使考核指标体系更加理想和完善。

（2）绩效考核的具体实施

绩效考核的方法较多，例如目标管理法、KPI 关键绩效考核法以及 360 度评估反馈考核法等。下面具体以目标管理法的实施为例进行介绍。

目标管理（MBO）源于彼得·德鲁克的著作《管理的实践》。目标管理是以目标的设置和分解、目标的实施及完成情况的检查、奖惩为手段，通过员工的自我管理来实现企业经营目的的一种管理方法。

目标管理用于绩效考核主要存在以下特点。

①目标管理运用系统论的思想，通过目标体系进行管理。上级与下级在一起制定目标，让目标的实现者同时成为目标的制定者。

②目标管理是一种民主的、强调职工自我管理的管理制度，即"自我控制"。

③目标管理强调成果，实行"能力至上"，使领导权利下放。

目标管理法进行绩效考核的实施过程主要包括三个阶段，分别是目标的设置、实现目标过程的管理，以及测定与评价所取得的成果，见表 7-3。

表 7-3　目标管理法进行绩效考核的实施步骤

步　骤	介　绍
目标的设置 （阶段一）	在目标设置过程中，组织的主管和员工亲自参与，把组织目标层层转化为组织和个人的目标，构成目标层级结构。各级成员根据上层目标和所在部门的目标设立自己的具体工作目标，员工会根据自己设定的目标，积极、努力工作，并且自觉地控制自己的行为，为完成自己的目标努力奋斗
实施目标过程的管理 （阶段二）	目标管理虽重视结果，强调自主、自治和自觉，但是，领导在目标实施过程中的管理是不可缺少的。在此阶段，首先进行定期检查；其次要向下级通报进度；再次要帮助下级解决工作中出现的问题，当出现意外、不可预测的事件严重影响组织目标实现时，可通过一定的手续，修改原定的目标
测定与评价 （阶段三）	在此阶段，对目标完成情况进行评价，考核人员的绩效决定业绩的奖惩和职位的升降。同时讨论下一阶段的目标，开始新循环。如果目标没有完成，则分析原因总结教训。此阶段可以认为是绩效管理的一部分，其效果与目的相通，是绩效管理很好的补充

下面来看具体案例。

实操范例 基于目标管理法的绩效管理

某公司主要从事科技产业服务与开发，该公司的绩效管理是基于目标管理法实施的，他们的绩效管理流程主要包括以下四个步骤。

第一，设定目标，具体做法是：目标要兼顾结果与过程，这是根据岗位职责和公司整体目标，由主管经理和当事者一起讨论确定的。

第二，当事者要自己动手，制订工作计划，其中最重要的内容，就是设计阶段性目标，提出达成阶段目标的策略和方法。在此过程中，主管者只是指导者和讨论对象，而不会越俎代庖。

第三，定期进行"进展总结"，由主管经理、当事者和业务团队一起，分析现状预期与目标的差距，找到弥补差距、完成目标的具体措施。

第四，在目标任务终止期，进行总体性的绩效评估，如果没有达成目标，要检讨原因；如果超出预期，或者达成了当初看上去难以完成的目标，则要分析成功的原因，并与团队分享经验。

该公司绩效管理流程主要包括四个步骤，分别是"设定目标→制订计划→定期总结→总体评估"，是在目标管理法的基础上结合企业实际状况进行确定的，符合企业的实际情况。

7.2 绩效考核的反馈与后续改进

绩效考核工作虽然重要，但是其后续的工作同样重要。只有做好绩效考核的反馈与后续跟进，才能尽可能达到绩效评估的预期。

7.2.1 绩效考核结果反馈的技巧

绩效反馈就是将绩效评价的结果反馈给被评估对象，并对被评估对象的行为产生影响。绩效反馈作为绩效评估工作的最后一环，也是最关键的一环，能否达到绩效评估的预期目的，很大程度上取决于绩效反馈实施的效果。这就要求负责绩效反馈的人员掌握一定的技巧，具体见表 7-4。

表 7-4 绩效反馈的技巧

技　巧	具体介绍
事前准备	如果能够在反馈之前做好准备，充分了解员工的基本情况，设计好大致流程，就能够很好地控制整个节奏
与员工建立融洽的关系	在进行反馈的过程中不要让员工觉得有压力，比如可以谈谈与反馈内容无关的话题，拉近彼此的距离
差别化对待	不同类型的员工反馈重点应该不同，对业绩和态度都很好的员工，应该肯定其成绩，给予奖励，并提出更高目标；对业绩好但态度不好的员工应该加强了解，找到态度不好的原因，并给予辅导；对业绩不好但态度很好的员工应该帮助分析原因，制订绩效改善计划

续上表

技　巧	具体介绍
肯定成绩	对员工表现好的地方一定要给予充分的肯定，这有利于增强员工的自信和消除员工的紧张心理
以事实为依据	反馈工作要做到对事不对人，反馈尽量拿出事实依据来，就事论事。不要伤害员工的人格和尊严

知识扩展 绩效反馈的资料准备

　　绩效反馈通常是由主管人员对被考核员工反馈，这就要求主管人员做好资料收集工作，让员工心服口服。主要需要收集的资料包括员工的目标管理卡或绩效计划、职位说明书、绩效考评表以及员工绩效档案等。

7.2.2　高效地进行绩效反馈面谈

　　了解绩效反馈的技巧后，就可以准备与员工进行绩效面谈。绩效面谈是非常重要的环节，通过面谈可以实现上级主管和下属之间对工作情况的沟通和确认，下面具体介绍如何高效进行绩效面谈。

　　（1）绩效面谈的技巧

　　绩效面谈工作需要掌握一定技巧才能高效开展，下面进行具体介绍。

　　①环境选择。环境会影响一个人的心情，因此环境选择很重要。应当选择噪声小、不受外界干扰的地方，最好不在办公室，避免第三者在场。

　　②营造氛围。双方要想敞开心扉，首先要建立相互信任的氛围。面谈中双方尽量不要隔着桌子对坐，利用圆形会议桌更容易拉近与下属之间的关系。当下属发表意见时，要学会耐心倾听，不要中途打断。

　　③明确面谈目的。面谈时主管人员应当用积极的语言，明确告知面谈目的。如"今天面谈主要是为了讨论如何更好地改善绩效,使我们共同提高"。

④鼓励下属参与。在面谈过程中要实事求是，不能凭空想象，还要鼓励员工积极表达，了解其想法。

⑤避免极端词语。极端词语容易让员工感到不满，从而影响面谈工作开展。常见的极端词语包括"总是""从来""从不""完全"以及"极差"等。

⑥以积极的方式结束面谈。积极的方式结束面谈，有利于让员工树立信心。例如，与员工握手，并真诚地说"今天的沟通非常好，希望你在今后的工作中能够更加努力，如果需要什么帮助，可以找我"。

（2）绩效面谈用语禁忌

绩效面谈主要以语言交流为主，在面谈过程中主管人员要注意用语，避免给员工造成不必要的伤害，反而弄巧成拙。

一忌无证据无数据的乱说。主管人员在没有收集到完善的考核数据时，不要轻易对员工的绩效表现进行评价。

二忌指手画脚教训人。面谈是一个相互的过程，在绩效面谈中避免一味批评和教育，而忘记帮助员工改善绩效的初衷。

三忌做好好先生。主管在绩效面谈时不要只谈员工好的方面，而忽略员工的不足，如何改善员工的不足才是面谈的重点。

四忌不愿倾听。主管要注意倾听员工的想法，很有可能考核人员在某些环节忽视了，听听员工怎么说，会对绩效面谈起到帮助。

五忌说废话。要注意使用描述性语言，陈述事实而不是自己主观判断。

六忌不知所云。在绩效面谈中使用的语言要具体、精确，不要笼统地说员工不好，这对主管本身来说是一个减分项。

七忌牵扯与工作无关的评价。在绩效面谈中要注意集中于员工的绩效表现，而不是牵涉员工的个性或者私事。

八忌只"泼冷水"。一次考核结果不好，不代表员工永远不行，在绩效面谈中注意使用积极性语言，而不要一味地泼冷水。

九忌沟通无重点。在绩效面谈中谈话应以员工绩效表现出的优点、缺点以及改进措施为主，不要随意乱说，毫无章法。

7.2.3 如何对制订的绩效计划进行改进

绩效改进计划是根据员工有待发展提高的方面所制订的，在一定时期内完成有关工作绩效和工作能力改进与提高的系统计划。绩效改进计划应当包括目标项目、改进原因、期望水平、改进方式以及改进时间。

通常说来，制订员工绩效改进计划需要经历如图 7-3 所示的过程。

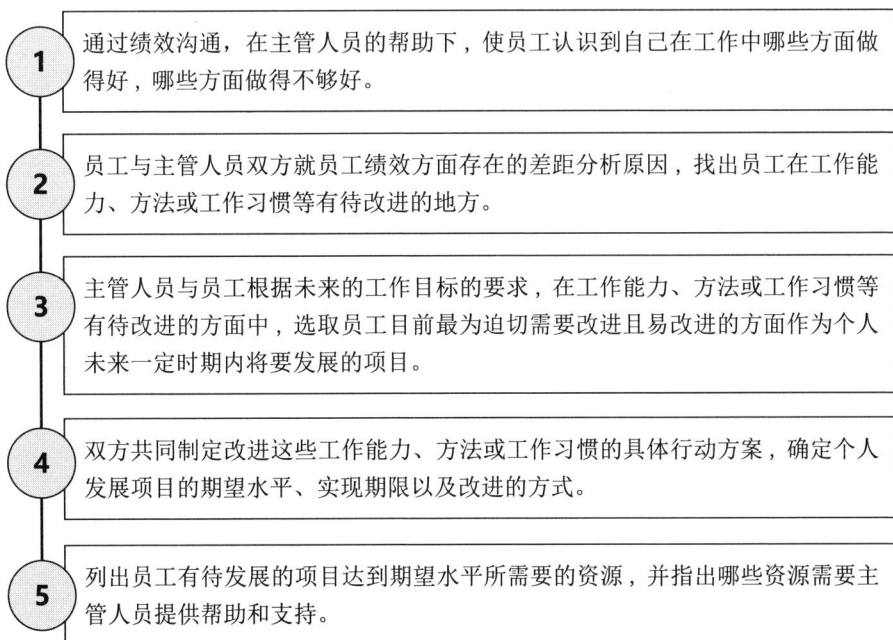

1. 通过绩效沟通，在主管人员的帮助下，使员工认识到自己在工作中哪些方面做得好，哪些方面做得不够好。

2. 员工与主管人员双方就员工绩效方面存在的差距分析原因，找出员工在工作能力、方法或工作习惯等有待改进的地方。

3. 主管人员与员工根据未来的工作目标的要求，在工作能力、方法或工作习惯等有待改进的方面中，选取员工目前最为迫切需要改进且易改进的方面作为个人未来一定时期内将要发展的项目。

4. 双方共同制定改进这些工作能力、方法或工作习惯的具体行动方案，确定个人发展项目的期望水平、实现期限以及改进的方式。

5. 列出员工有待发展的项目达到期望水平所需要的资源，并指出哪些资源需要主管人员提供帮助和支持。

图 7-3 制订绩效改进计划的步骤

需要注意的是，绩效改进计划一定要有实际操作性，要有"行动步骤"，如果停留在理论上，改进计划则没有意义。最好是能详细到具体的每一步骤，帮助员工进行落实。

下面具体来看绩效改进计划表模板，见表 7-5。

实用范本 绩效改进计划表

表 7-5 绩效改进计划表

年　　　月　　　日

姓　名		职　位		部　门		上　级	
一、评估期间绩效未符合工作标准的具体事实							
二、针对以上具体拟定辅导项目 / 改善目标 （需详细说明工作内容，实施日期以及完成日期，以便追踪辅导）							
					员工签名：　　　　　日期：		
三、改进成果评估及后续措施							
					主管：　　　　　总经理：		

填表说明：

1. 本表应由主管以上人员填写完成，后与被评估者面谈。

2. 本表正本存入员工资料档案中。

7.3 通过薪酬调查确定薪酬标准

通常情况下，企业要进行薪酬调整或薪酬设计都需要进行薪酬调查。薪酬调查主要是通过一些方法和渠道对市场上各类职位进行分类、汇总和统计分析，从而了解当前的薪酬现状。

7.3.1 薪酬调查的内容和基本程序

薪酬调查的内容和基本程序是薪酬调查的基础工作，需要人力资源工作者有所了解。

（1）薪酬调查的内容

做薪酬调查之前首先要确定薪酬调查的内容，才能找准薪酬调查的方向。薪酬调查的具体内容通常是根据薪酬调查的目的来确定的。一般来说，薪酬调查的目的主要有以下五个。

①通过薪酬调查确定新员工的起点薪酬标准。

②通过薪酬调查查找出企业内存在工资不合理的岗位。

③了解同行业企业的薪酬情况，提升企业薪酬竞争力。

④了解企业所在地的工资水平，并与企业的薪酬水平进行比较。

⑤了解当前的工资动态和发展趋势。

因此，薪酬调查的内容主要包括四点，如下所示。

①了解新员工的薪酬起点、薪酬结构，以及确定薪酬起点的因素有哪些。

②了解本地区的工资水平，不同地区因为生活费用水平、生产发展水平不同，工资水平可能差别较大。

③了解同行业企业的调薪时间、薪酬水平、薪酬结构以及薪酬范围等。

④了解市场中的薪酬发展方向，以及未来一段时间内的发展水平。

（2）薪酬调查的基本程序

薪酬调查对企业薪酬调整和薪酬体系建立等工作有着重要影响，应当遵循一定的流程实施，具体如图 7-4 所示。

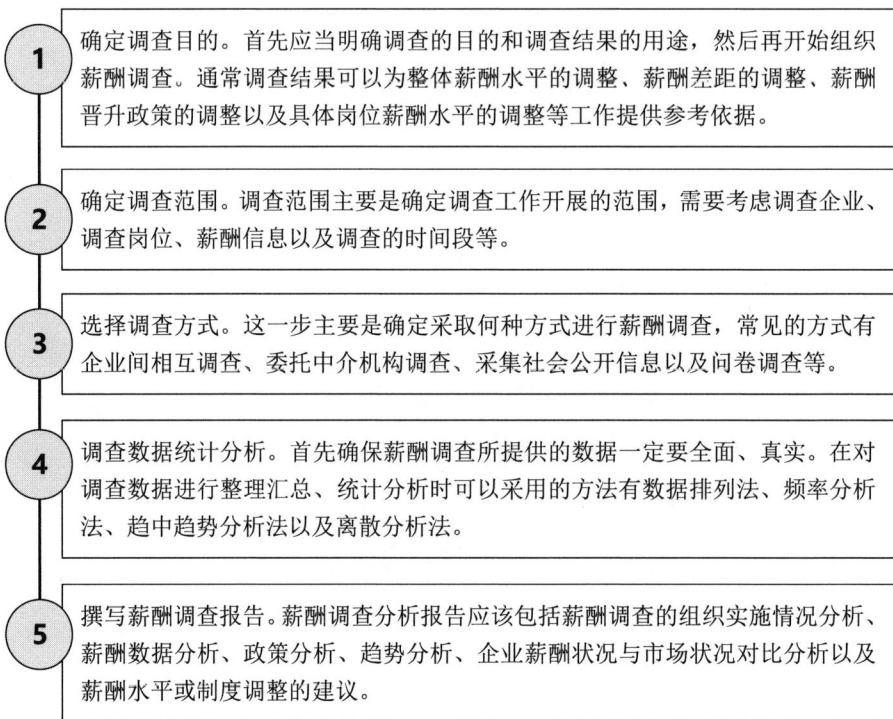

1 确定调查目的。首先应当明确调查的目的和调查结果的用途，然后再开始组织薪酬调查。通常调查结果可以为整体薪酬水平的调整、薪酬差距的调整、薪酬晋升政策的调整以及具体岗位薪酬水平的调整等工作提供参考依据。

2 确定调查范围。调查范围主要是确定调查工作开展的范围，需要考虑调查企业、调查岗位、薪酬信息以及调查的时间段等。

3 选择调查方式。这一步主要是确定采取何种方式进行薪酬调查，常见的方式有企业间相互调查、委托中介机构调查、采集社会公开信息以及问卷调查等。

4 调查数据统计分析。首先确保薪酬调查所提供的数据一定要全面、真实。在对调查数据进行整理汇总、统计分析时可以采用的方法有数据排列法、频率分析法、趋中趋势分析法以及离散分析法。

5 撰写薪酬调查报告。薪酬调查分析报告应该包括薪酬调查的组织实施情况分析、薪酬数据分析、政策分析、趋势分析、企业薪酬状况与市场状况对比分析以及薪酬水平或制度调整的建议。

图 7-4　薪酬调查的基本程序

7.3.2　如何进行员工薪酬满意度调查

薪酬满意度是指员工对获得企业的经济性报酬和非经济性报酬与他们的期望值相比较后形成的心理状态。

实施员工薪酬满意度调查有以下六个步骤。

①明确薪酬满意度调查目的。例如，诊断企业在薪酬管理方面存在的问题并找出问题的根源。

②成功的薪酬满意度调查需要制订一个如何完成上述目标的工作计划或方案。计划内容应该包括调查任务、调查提纲以及调查时间等。

③薪酬调查的方式有三种，即问卷调查法、访谈法和两者结合运用。调查方式确定后，下一步就是调查问卷的设计和取样，或者访谈计划和访谈表的制作。

④调查实施包括三个步骤，一是召开会议，进行宣传；二是发放和回收调查问卷，或实施访谈和纪要；三是调查资料的整理和检验。

⑤对收集到的资料进行数据处理和记录分析，最后形成一份完整的调查报告。

⑥薪酬满意度调查要紧紧围绕调查目的，采取相应的调整行动。

下面就具体来看某企业的薪酬满意度调查问卷。

实用范本 薪酬满意度调查问卷

为了配合公司的薪酬改革，了解公司目前薪酬管理中存在的不足，特组织本次薪酬调查。为了了解员工在薪酬方面的真实想法和建议，本次薪酬调查可署名也可不署名，而且在取得调查结果后立即销毁。因此，希望所有员工积极支持，本着认真负责和客观的态度完成本问卷，于××月××日前交人力资源部，谢谢！

您的姓名：　　　　　　　所在部门：

年龄：　　　性别：　　　入职年限：　　　职位：

学历：　　　职称：　　　户口所在地：

1. 您对自己目前的薪酬水平：

A. 非常满意　　　B. 比较满意　　　C. 一般　　　D. 不满意

2. 您认为现有的薪酬制度公平吗?

A. 非常公平 　　　 B. 比较公平 　　　 C. 一般 　　　 D. 不公平

如果选择 D 项，请说明原因：_____

3. 请在本公司下列职位类别中选出三个您认为薪酬过高的（按顺序）：

A. 车间 　　　 B. 实验室 　　　 C. 销售部 　　　 D. 财务部

E. 人力资源部 　　　 F. 保安 　　　 G. 机修 　　　 H. 电修

I. 清洁工 　　　 J. 车队

4. 您认为与同行业其他公司相比，本公司的薪酬：

A. 很高 　　　 B. 比较高 　　　 C. 差不多 　　　 D. 偏低

5. 您对公司目前的福利状况：

A. 非常满意 　　　 B. 比较满意 　　　 C. 一般 　　　 D. 不满意

请简要说明理由：_____

6. 与本部门的相似资历的员工相比，您对自己的薪酬水平：

A. 相当满意 　　　 B. 比较满意 　　　 C. 差不多 　　　 D. 不满意

7. 与其他部门的相似资历的员工相比，您对自己的薪酬水平：

A. 相当满意 　　　 B. 比较满意 　　　 C. 差不多 　　　 D. 不满意

8. 与其他公司相比，您认为目前本公司主管级人员的薪酬相比普通员工来说：

A. 太高 　　　 B. 偏高 　　　 C. 合理 　　　 D. 偏低

9. 与其他公司相比，您认为目前本公司经理级人员的薪酬相比普通员工来说：

A. 太高 　　　 B. 偏高 　　　 C. 合理 　　　 D. 偏低

10. 您能很明确地知道自己的月总收入是由什么部分组成的吗?

A. 是，很清楚 　　　　　　 B. 部分项目不清楚

C. 完全不清楚

11. 您知道您身边的同事的收入水平吗?

A. 是的，非常清楚 　　　　　　 B. 比较清楚

C. 不太清楚 　　　　　　 D. 完全不知道

12. 您认为保密薪酬好还是透明好?

A. 保密　　　　　B. 无所谓　　　　　C. 透明

13. 您觉得公司大部分员工的辞职原因是什么?

A. 因为薪酬而直接导致　　　　　B. 和薪酬有一定的关系

C. 不明确　　　　　D. 与薪酬无关

14. 您认为本公司的薪酬结构中最不合理的部分是:

A. 基本工资　　　B. 绩效工资　　　C. 涨幅工资　　　D. 年资

E. 福利　　　　　F. 津贴　　　　　G. 加班工资

请简要说明理由: _____

15. 如果公司有 6 000.00 元要发给您,您认为哪种发放方式最有吸引力?

A. 一次发放　　　B. 按月平均,每月 500.00 元

16. 如果公司要制定一个新的薪酬制度,您对新的薪酬制度的建议:

_____

17. 您认为目前的薪酬制度对员工的激励:

A. 很好　　　　　B. 较好　　　　　C. 一般　　　　　D. 较差

18. 您认为多长时间调整一次薪酬比较合理?

A. 3 个月　　　　B. 半年　　　　　C. 一年　　　　　D. 两年或以上

19. 如果要降低您的薪酬,您觉得多少比例是您可以忍受的极限:

A. 5%　　　　　B. 10%　　　　　C. 15%　　　　　D. 20%

20. 在过去的工作中,您感觉自己的努力在薪酬方面有明显的回报吗?

A. 有　　　　　B. 没有　　　　　C. 有,但不明显

21. 您认为决定工资最重要的因素是(请按顺序列出前 5 位):

A. 个人业绩　　　B. 个人能力　　　C. 学历　　　　　D. 职称

E. 职位高低　　　F. 资历　　　　　G. 专业　　　　　H. 工作复杂程度

I. 工作中承担的责任和风险

22. 您认为薪酬收入中浮动部分（涨幅工资）占总收入的比例应该为：

A.5%　　　　　B.10%　　　　　C.15%　　　　　D.20%

E.25%　　　　　F.30%　　　　　G.35% 或以上

以上是某公司的一份薪酬满意度调查问卷，该问卷以封闭式问题为主，包含少量的开放式问题。人力资源工作者在制作调查问卷时，应当注意封闭式问题与开放式问题相结合。

7.3.3　了解薪酬资料收集渠道

在前面介绍薪酬调查流程时介绍到薪酬数据的调查渠道，但是作为薪酬相关工作者还是应当了解如何进行薪酬数据收集。对于大型企业来说，想要得到比较专业、精准的调查数据结果，可以选择专业的调研机构或咨询公司，获得专业的薪酬数据调查报告。

而对于一些小型企业来说，通常对薪酬数据的精确性要求不太高，可以通过一些渠道获得。

◆　朋友咨询

向从事相关行业工作的朋友进行咨询，了解相应的薪酬数据是比较便捷且成本较低的方式。调查者可以充分发挥自己的人际关系，了解其他同类型企业或相似企业的薪酬情况。

但是这种方法存在一定的缺陷，通过朋友调查的数据存在一定局限性，范围较小，而且调查数据的准确性难以保障。

◆　招聘网站查询

如今越来越多的招聘活动通过互联网线上开展，因此各类招聘网站中也包含了大量的岗位薪酬数据。调查者可以通过招聘网站快速了解目标岗位的当前薪酬情况，常见招聘网站有智联招聘、前程无忧以及 BOSS 直聘等。

下面以智联招聘为例进行介绍。

实操范例 智联招聘查看岗位薪酬数据

首先进入智联招聘官网并进行注册登录，完成后进入首页，单击顶部的"[切换城市]"超链接，如图7-5所示。

图7-5 单击"[切换城市]"超链接

在切换城市页面中，可以直接选择热门城市或在页面下方搜索框中输入城市名称，这里选择热门城市"北京"，如图7-6所示。

图7-6 选择薪酬调查城市

进入北京站智联招聘网页，在职位搜索框中输入职位关键词，再单击搜索按钮，这里输入"前端开发工程师"，如图7-7所示。

图7-7 输入职位关键词

进入搜索结果页面，系统智能匹配了一些岗位信息出来。此时，调查人员需要根据页面中的条件设置做进一步的筛选，使搜索结果与企业更匹配，包括职位岗别、工作经验、学历要求、公司性质、职位岗型以及职位标签。例如，单击"公司性质"后的下拉按钮，在下拉菜单中选择"民营"选项，如图7-8所示。

图7-8 进一步筛选职位信息

在页面下方的岗位推荐列表查看相关岗位的薪酬，如图7-9所示。

图 7-9　查看薪酬

经过大量的查阅，我们可以发现，同一类型的岗位薪酬水平差异不大。一旦发现某个岗位的薪酬差异过大，则需要对其进行仔细查看，看是否在任职要求以及工作经验等方面另有要求。

◆　借助政府的官方信息

调查者还可以借助政府发布的一些官方信息进行查询，例如当地社保局、劳动资讯网以及人力资源网站，都可以查看到官方发布的一些薪酬信息。官方发布的信息更准确，也更具权威性，但是就单一行业或某一岗位而言，薪酬数据可能略有差异。

总的来说，薪酬调查要充分发挥互联网的作用，从网上多方采集薪酬的相关信息。

7.4　建立科学完备的薪酬体系

前面一系列的薪酬准备工作完成以后，就可以开始建立企业的薪酬体系，这是薪酬结构设计的关键。

7.4.1　根据公司岗位情况确定薪酬模式

薪酬模式的类型有很多，在实际选择时要结合企业的实际情况，遵循企业的发展战略。从概念上来讲，薪酬模式主要五种，具体见表7-6。

表 7-6　五种薪酬模式

薪酬模式	介　绍
基于岗位的薪酬模式	依据岗位在企业内的相对价值为员工付酬，在确定员工的工资时，首先进行岗位评价，然后再根据评价结果赋予与该岗位价值相当的基本工资
基于绩效的薪酬模式	以员工的工作绩效为基础支付工资，即将员工的绩效与绩效标准相比较以确定工资，形式有计件（工时）工资制、佣金制、年薪制等
基于技能的薪酬模式	以员工所具备的技能作为工资支付的基础，员工获得报酬的差异主要来自本身能力水平的差异，而非岗位等级的高低、绩效结果的好坏
基于市场的薪酬模式	根据市场价格确定企业薪酬水平，根据地区及行业人才市场的薪酬调查结果，来确定岗位的具体薪酬水平
基于年功的薪酬模式	根据员工司龄长短及岗位贡献而支付薪酬的一种管理制度

在企业薪酬结构设计中需要根据岗位来进行具体选择，技术性岗位通常选择基于技能的薪酬模式和基于岗位的薪酬模式；管理型岗位或市场型岗位则以基于绩效的薪酬模式为主。

通常情况下企业不会只存在一种薪酬模式，例如公司领导人员采用年薪制度，以企业的生产经营规模和经营业绩为薪酬核算标准，以便让领导人员站在企业大局的角度整体性管理企业；其他中层管理人员实行岗位绩效工资制度，将岗位与绩效结合，激发其工作积极性。

7.4.2　设计公司岗位体系

岗位体系就是根据岗位分析，将公司的岗位按照岗位性质做分类，然后再根据岗位评估对其进行等级划分。主要包括四个步骤，分别是划分岗位序列、划分岗位层级、进行岗位设置和岗位说明，具体如图 7-10 所示。

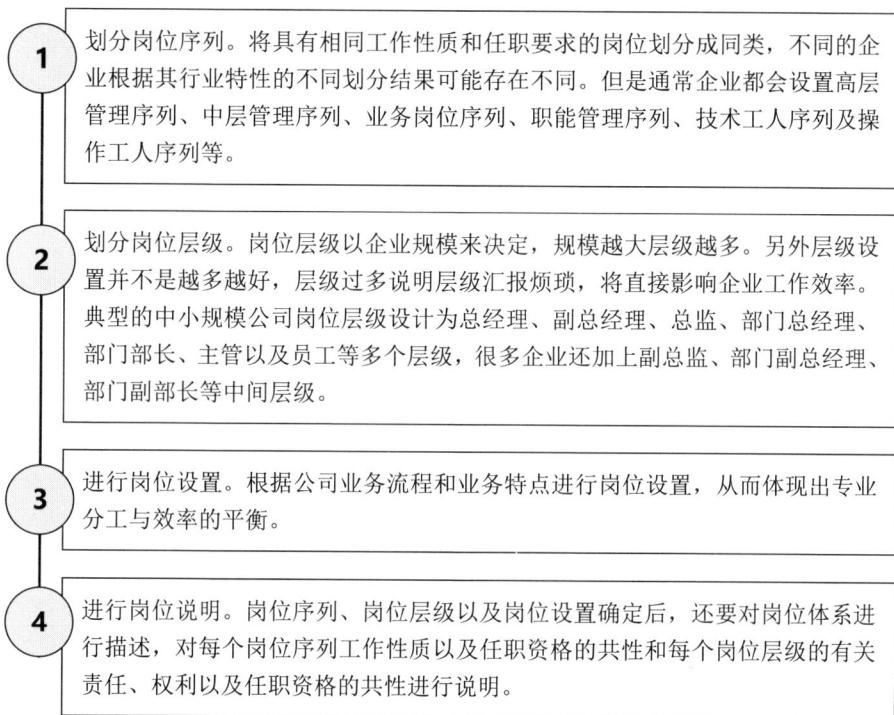

① 划分岗位序列。将具有相同工作性质和任职要求的岗位划分成同类，不同的企业根据其行业特性的不同划分结果可能存在不同。但是通常企业都会设置高层管理序列、中层管理序列、业务岗位序列、职能管理序列、技术工人序列及操作工人序列等。

② 划分岗位层级。岗位层级以企业规模来决定，规模越大层级越多。另外层级设置并不是越多越好，层级过多说明层级汇报烦琐，将直接影响企业工作效率。典型的中小规模公司岗位层级设计为总经理、副总经理、总监、部门总经理、部门部长、主管以及员工等多个层级，很多企业还加上副总监、部门副总经理、部门副部长等中间层级。

③ 进行岗位设置。根据公司业务流程和业务特点进行岗位设置，从而体现出专业分工与效率的平衡。

④ 进行岗位说明。岗位序列、岗位层级以及岗位设置确定后，还要对岗位体系进行描述，对每个岗位序列工作性质以及任职资格的共性和每个岗位层级的有关责任、权利以及任职资格的共性进行说明。

图 7-10 公司岗位体系设计步骤

许多情况下公司的管理人员比较少，为了管理方便，可以将岗位大致分为两类：管理岗位和技术岗位。又根据岗位评价结果将公司岗位分为九个岗级，见表 7-7。

表 7-7 公司岗位的九个岗级

层级	职 位		
	管 理 类	专业技能类	薪酬类型
9 级	经营领导层	—	年 薪 制
8 级	总 经 理	高级工程师	岗位绩效工资制

续上表

层级	职　位		薪酬类型
	管理类	专业技能类	
7级	总　监	高级工程师	岗位绩效工资制
6级	部门经理	中级工程师	
5级	部门副经理		
4级	主　管	初级工程师	
3级	副主管、营销区域经理		
2级	基层管理人员（专员）	技　术　员	
1级	基层管理人员（文员）		

7.4.3　薪酬构成的设计

薪酬构成的设计即确定薪酬的构成要素，设计时需要考虑工资科目的导向性和特征。通常薪酬由三部分组成，即固定工资、浮动工资和福利。

①固定工资，是根据劳动者的职位、工作经验、学历等给予的工资，按固定数额发放，即使有差别也是考勤等因素的差别。这部分薪酬不会与绩效挂钩，属于保障因素。固定工资包括基本工资、岗位工资、工龄工资和学历工资等。

②浮动工资，是指随企业经营成果的好坏和员工个人劳动成果的大小而变动的一种劳动报酬形式，属于激励因素，包括短期激励和中长期激励。月度绩效工资、季度绩效奖金、专项奖金等属于短期激励；年度效益奖金、股权激励、任期激励等属于中长期激励。

③福利，是提供给员工的补充现金支持，同样属于褒奖因素。包括节日费、慰问金、住房补贴、餐饮补贴等。

不同薪酬要素对应不同的发放目的，从而对员工有不同的激励效果，所以在选择具体的薪酬要素时要注意构成要素的目的和导向，见表7-8。

表 7-8　薪酬的构成设计

薪酬构成	介　　绍	导　　向
固定工资	岗位工资	岗位价值
	全勤工资	工作态度
	年功工资	员工忠诚度
	技能工资	岗位技能
浮动工资	月度绩效工资	岗位绩效
	季度绩效奖金	岗位绩效
	年终奖金	企业绩效
	专项奖励	特定绩效
福　利	过节费	福　利
	补　贴	福　利
	其　他	其　他

虽然薪酬结构中的各要素组成类似，但薪酬比例却存在很大的不同，不同的比例产生的激励效果也不相同。

薪酬比例是指固定工资与浮动工资的比例，主要根据企业特点、薪酬策略、职位特点确定。一般浮动薪酬所占比例越大，其薪酬激励的强度越大，其员工的收入风险也越大。

一般的薪酬结构组合有低固定＋高浮动、高固定＋低浮动、高固定＋高浮动、高固定＋低浮动＋高福利以及低固定＋低浮动＋高福利五种，企业应当结合实际岗位和公司情况进行选择。

工作梳理与指导

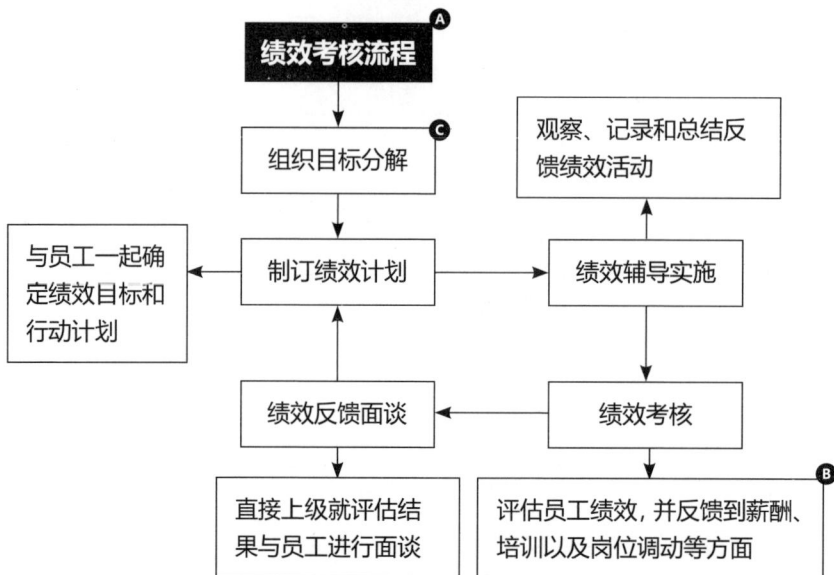

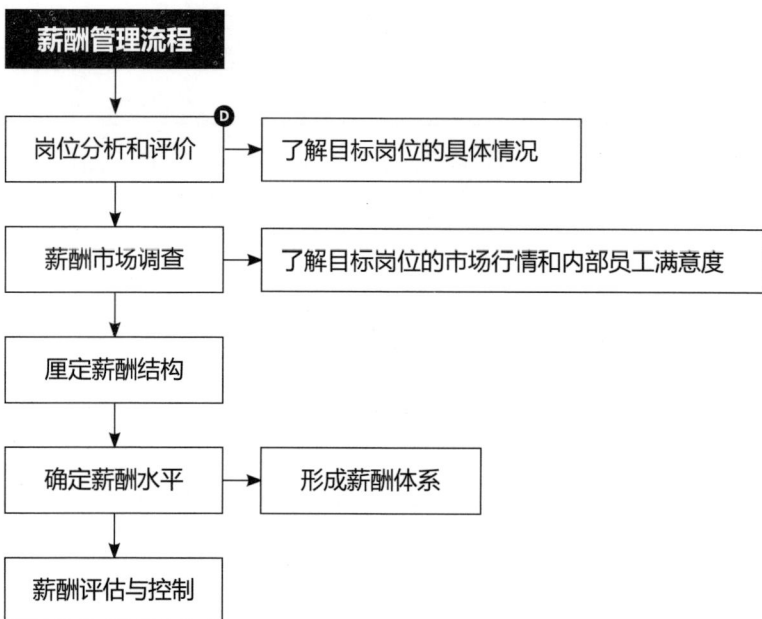

绩效考核流程 Ⓐ

```
组织目标分解 Ⓒ                    观察、记录和总结反
                                  馈绩效活动

与员工一起确
定绩效目标和      制订绩效计划        绩效辅导实施
行动计划

                绩效反馈面谈         绩效考核

        直接上级就评估结      评估员工绩效，并反馈到薪酬、   Ⓑ
        果与员工进行面谈      培训以及岗位调动等方面
```

薪酬管理流程

```
岗位分析和评价 Ⓓ    ——▶  了解目标岗位的具体情况

薪酬市场调查    ——▶  了解目标岗位的市场行情和内部员工满意度

厘定薪酬结构

确定薪酬水平    ——▶  形成薪酬体系

薪酬评估与控制
```

流程梳理

按图索骥

A 在企业中绩效考核应当形成一个循环，不断完善，才能使企业的绩效考核工作不断进步。首先是分解组织目标；然后据此制订企业的绩效计划，逐步向下落实到员工；接着视具体实施过程进行监督和辅导；然后定期进行绩效考核，评定绩效目标完成情况；最后将绩效考核情况反馈给员工，帮助其进行改进和提升；最后又开始制订下一阶段的绩效计划，进行不断循环。

B 绩效考核结果通常会作为一个影响员工薪酬的重要标准，这也会促使员工为了实现绩效目标更加努力。

C 员工绩效目标的不断实现，实际上也就是企业目标的不断实现，从而促使企业不断发展，形成良性循环。

D 岗位分析与评价在很多时候都会用到，例如进行岗位设计等，其主要目的是明确岗位的任职要求和对应的工作职责。只有确定了岗位的具体情况，才能据此匹配外部相似岗位，从而了解到其对应的薪酬情况，为企业内的岗位确定提供一定的参考，避免凭空确定某个岗位的薪酬，导致与市场行情不相符。

答疑解惑

问：当前企业高层对绩效考核不够重视，绩效考核效果难以体现，绩效考核难实施怎样改变？

答：①首先应该多与老板沟通绩效考核的重要性，引起他的深层重视，促使他牵头建立跨部门的小组，重新审视工作实际情况，建立一套相对可行的绩效考核制度。②小型公司不能过于制度化，前期侧重的应该是人治，除非薪资待遇极具诱惑力，有足够的资本。所以根据客观情况，在业务开展层面做部分关键指标的考核就足够了，至于考勤、工作态度和团队协作等方面的权重要稍微加强一下。③既然是绩效考核，对应的肯定少不了奖惩机制，小型公司要以奖励为主，惩罚为辅，目的是促使团队融入企业文化，实现工作效率的提升。④如果协商出可执行的方案，就要自上至下的有这种意识，尊重共同的约法三章。执行下去的关键还是在于老板与部门负责人的理解与配合，因此宣导与动员的工作一定要做够，只要秉持公正的心，心无畏惧，敦促他们去执行，相信绩效考核工作一定会有所起色的，大家最终也会理解部门的立场与努力。

答疑解惑

问：在实际绩效考核工作中，对部门和员工的考核方式有什么区别和联系？

答：实操中公司对部门的考核一般都等同于对部门负责人考核，因为部门负责人对部门内部的所有工作负责。所以如果企业对部门负责人已经进行了考核，那么可以等同于对部门进行了考核。部门作为一个组织，绩效等于内部各员工绩效之和。

问：目前企业的薪酬体系与企业管理不够紧密，应当从哪几个方面入手进行改正呢？

答：薪酬体系归根结底要跟企业战略相结合，因此需要注意以下几点：①需要考虑企业的业务模式、行业人才特点；②薪酬体系要具备外部竞争性和内部公平性；③具备激励性，能够吸引和保留人才；④能够根据企业战略导向具备动态调整机制。

问：如果要进行薪酬体系改革，应当如何妥善实施？

答：薪酬体系改革对企业来说十分重要，处理不当容易引起员工的不满，需要注意以下三点：①薪酬体系的改革应该是基于公司整体战略规划的考虑，而不是业务量的大小。如果薪酬体系适合公司的发展，业务量大也可以正常运行，而业务量小，需要解决的可能不只是薪酬体系的问题；②公平极为重要。不患寡而患不均，这是员工的一种心态、常态。保证薪酬体系公平、公正、公开，员工通过自己的努力得到自己应得的薪酬，企业就会稳定；③建议调查研究，管理者、员工们都喜欢怎样的薪酬方式，接受怎样的方式，是以人为依据，还是以岗位、产出为依据进行设计、评估。

实用模板

公司员工福利管理制度	未打卡说明书	一周出差预订报告表
绩效指标库	新员工职务工资核准表	员工保险记录表
企业薪酬管理制度	薪酬管理制度	员工福利合同
述职报告评价表	薪酬满意度调查问卷	员工绩效记录表
调休申请表	薪资调整申请表	

第8章

完善劳动关系，保障人企双方权益

从认识工作角度出发，因为劳动关系管理不善引发的纠纷层出不穷，管理好企业劳动关系也是人力资源工作者的重点工作。不仅要按制度做好管理工作，还要做好事前预防和事后处理，确保企业远离或者妥善处理劳动纠纷。

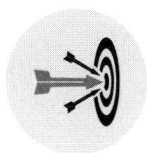

8.1　员工关系和劳动合同管理要点

通常企业最重要的资源就是人力资源，也就是企业的员工。因此做好员工关系和劳动合同管理不仅能够提升企业竞争力，还能够避免因劳动合同问题引发的各种问题。

8.1.1　员工劳动合同的制定

劳动合同是指劳动者与用人单位之间确立劳动关系，明确双方权利和义务的协议。在开始订立劳动合同之前，用人单位首先需要制定劳动合同，这也需要人力资源工作者具有一定的合同制定能力。

劳动合同除了具有普通合同的特征外，还具有一些特殊的特征，如下所示。

①劳动合同的主体是特定的，即劳动合同的主体一方是劳动者、一方是用人单位。

②劳动合同的内容具有劳动权利和义务的统一性和对立性，合同双方既有需要履行的责任，也有可以享受的权利。

③劳动合同客体具有单一性，即劳动行为。

④用人单位和劳动者就劳动合同条款达成一致，劳动合同即成立，用人单位按照劳动者的劳动量和质量给付报酬。

⑤劳动合同必须具备社会保险条款，同时劳动合同双方当事人也可以在劳动合同中明确规定有关福利待遇条款。

制定劳动合同时要特别注意的是劳动合同应当具备的内容，不能违反国家相关规定，否则劳动合同无法起到相应的效果。

劳动合同的内容可分为两方面，一方面是必备条款的内容，另一方面是协商约定的内容，具体介绍见表8-1。

表 8-1　劳动合同的两方面内容

方　面	条　款	具体介绍
必备	劳动合同期限	合同期限应根据双方的实际情况和需要来约定，主要包括三种，①有固定期限，如一年期限、三年期限等；②无固定期限，合同期限没有具体时间约定，只约定终止合同的条件；③以完成一定的工作为期限
	工作内容	在这一必备条款中，双方可以约定工作数量、质量和劳动者的工作岗位等内容。或是另外签一个短期的岗位协议作为劳动合同的附件，避免工作岗位约定过死
	劳动保护和劳动条件	约定工作时间和休息休假的规定，各项劳动安全与卫生的措施，对女工和未成年工的劳动保护措施与制度，以及用人单位为不同岗位劳动者提供的劳动、工作的必要条件等
	劳动报酬	约定劳动者的标准工资、加班加点工资、奖金、津贴、补贴的数额及支付时间、支付方式等
	劳动纪律	此条款应当将用人单位制定的规章制度约定进来
	劳动合同终止条件	此条款一般是在无固定期限的劳动合同中约定，因这类合同没有终止的时限。其他期限种类的合同也可以约定，但不能将法律规定的可以解除合同的条件约定为终止合同的条件
	违反劳动合同的责任	分为两种情况，①一方违约赔偿给对方造成的经济损失，即赔偿损失的方式；②约定违约金的计算方法，采用违约金方式应当注意根据职工一方的承受能力来约定，保障公平
约定		合同双方可以协商约定其他内容，一般简称为协商条款或约定条款。这类约定条款的内容，是当国家法律规定不明确，或者国家尚无法律规定的情况下，用人单位与劳动者根据双方的实际情况协商约定的一些随机性的条款，例如试用期、保守商业秘密等

知识扩展 劳动合同的分类

根据《中华人民共和国劳动法》的规定，劳动合同主要分为三类：①固定期限劳动合同，是指用人单位与劳动者约定合同终止时间的劳动合同；②无固定期限劳动合同，是指用人单位与劳动者约定无确定终止时间的劳动合同；③单项劳动合同，即没有固定期限，以完成一定工作任务为期限的劳动合同。

下面来看劳动合同的范本。

实用范本 劳动合同范本

甲方：　　　　　　　　乙方：　　　　　　　　性别：

身份证号码：　　　　　家庭住址：

一、劳动合同期限

第一条　固定期限：本合同期限自 _____ 年 ____ 月 ____ 日起至
_____ 年 ____ 月 ____ 日止。其中，试用期自 _____ 年 ____ 月 ____ 日
起至 _____ 年 ____ 月 ____ 日止。

无固定期限：本合同期限自 _____ 年 ____ 月 ____ 日起。其中，试
用期自 _____ 年 ____ 月 ____ 日起至 _____ 年 ____ 月 ____ 日止。

以完成 _____ 等工作任务为期
限：本合同自 _____ 年 ____ 月 ____ 日起，预计至 _____ 年 ____ 月
____ 日止。工作任务完成经甲方验收后，则本合同即行终止。

二、工作内容和工作地点

第二条　甲方安排乙方的工作岗位（工种）为 _____，工作
地点为 _____，因生产工作需要，甲乙双方协商一致，可以
变更岗位（工种）以及工作地点。

三、劳动保护、劳动条件和职业危害防护

第三条　甲方应当遵守国家法律法规，依法建立和完善劳动规章制度，
保障乙方享有劳动权利、履行劳动义务。乙方应当自觉维护国家利益和甲
方的合法权益，遵守甲方依照国家法律法规制定的各项规章制度，在本岗
位的职责范围内，服从甲方的工作安排。

第四条　甲方依法为乙方提供符合国家规定的劳动安全卫生条件和必
要的劳动防护用品。对从事有职业危害作业的，按国家规定进行定期健康
检查。乙方应当认真履行工作职责，爱护生产工具和设备，按时、按质、
按量地完成甲方规定的工作任务或劳动定额。

第五条　甲方对乙方进行安全教育，为乙方提供本职工作所必需的职
业技能培训。

第六条　乙方应当保守甲方的商业秘密。对违反保密义务给甲方造成损失的，要承担经济赔偿责任。

四、工作时间和休息休假

第七条　甲方安排乙方执行 ＿＿＿＿＿＿＿＿＿ 工作制。

执行标准工作制的，甲方安排乙方每日工作时间不超过 8 小时，平均每周不超过 40 小时。甲方保证乙方每周至少休息一日。甲方由于工作需要，经与工会和乙方协商后可以延长工作时间，一般每日不得超过一小时，因特殊原因需要延长工作时间的，在保障乙方身体健康的条件下延长工作时间每日不得超过 3 小时，每月不得超过 36 小时。

执行综合计算工时工作制的，平均日和平均周工作时间不超过法定标准工作时间。

执行不定时工作制的，在保证完成甲方工作任务情况下，工作和休息休假由乙方自行安排。

第八条　甲方执行《中华人民共和国劳动法》第四章及国家关于休息休假的相关规定，保障乙方的休息休假权利。

五、劳动报酬

第九条　乙方在法定工作时间内为甲方提供了正常劳动后，甲方以货币形式按时支付不低于省人民政府规定的最低工资标准的工资。在履行合同期间，甲方支付给乙方的工资为：＿＿＿＿＿ 其中，试用期工资为：＿＿＿＿＿。

第十条　非乙方原因造成的待岗，在待岗期间，甲方支付给乙方基本生活费，其标准为：＿＿＿＿＿＿＿＿＿＿＿＿＿＿。

第十一条　履行劳动合同期间，甲方视生产经营情况和乙方的工作实绩，按甲方的有关规定调整乙方的劳动报酬。

六、社会保险和福利待遇

第十二条　甲方依法为乙方缴纳各种社会保险，属乙方个人缴纳部分，由甲方从乙方工资中代为扣缴，甲方接受乙方对缴纳情况的查询。

第十三条　乙方履行合同期间，患病、负伤、因工伤残、患职业病、退休、死亡以及女职工生育等社会保险及福利待遇，按照国家法律法规及甲方依法制定的劳动规章制度执行。

七、劳动合同的解除、终止和续订

第十四条　履行合同期间，甲乙双方若需解除或者终止劳动合同，应当按《中华人民共和国劳动合同法》第四章的有关条款执行。

第十五条　符合《中华人民共和国劳动合同法》第四十六条规定情形的，甲方应当向乙方支付经济补偿。经济补偿在双方当事人办理工作交接时支付。

第十六条　固定期限的劳动合同期满前30日，甲方应将终止或续订劳动合同的意向通知乙方。届时办理终止或续订手续。

第十七条　甲方在解除或者终止劳动合同时为乙方出具解除或者终止劳动合同的证明，并在15日内为劳动者办结档案和社会保险关系转移手续。乙方应当按照双方约定办理工作交接。

八、约定事项

第十八条　经双方协商一致，约定以下款项：（选择打"√"）

（一）见插入的活页　（二）无

九、其他

第十九条　甲乙双方履行本合同期间如发生劳动争议，应当平等协商解决，协商无效时，可按法定程序申请调解、仲裁或提起诉讼。

第二十条　合同期内，所定条款与国家颁布的劳动法律法规不符的，甲乙双方均应按新规定执行。

第二十一条　本劳动合同一式三份，甲乙双方各执一份，存乙方档案一份，自签订之日起生效。

甲方：（盖章）　　　　　　　　　　乙方：（签字）

法定代表人（委托代理人）：（签章）

合同签订日期：

8.1.2　劳动合同的签订与变更

订立和变更劳动合同应当是双方自觉自愿的，不得违反相关法律和行政法规。

（1）劳动合同的订立

用人单位与劳动者订立劳动合同应当遵循一定的原则，才能使订立的合同具有法律效力，受法律保障。

①合法原则。劳动合同必须依法以书面形式订立。做到主体合法、内容合法、形式合法和程序合法。只有合法的劳动合同才能产生相应的法律效力。任何一方面不合法的劳动合同，都是无效合同，不受法律承认和保护。

②协商一致原则。在合法的前提下，劳动合同的订立必须是劳动者与用人单位双方协商一致的结果，是双方"合意"的表现，不能是单方意思表示的结果。

③合同主体地位平等原则。在劳动合同的订立过程中，当事人双方的法律地位是平等的。劳动者与用人单位不因为各自性质的不同而处于不平等地位，任何一方不得对他方进行胁迫或强制命令。

④等价有偿原则。劳动合同明确双方在劳动关系中的地位作用，劳动合同是一种双务有偿合同。劳动者承担和完成用人单位分配的劳动任务，用人单位付给劳动者一定的报酬，并负责劳动者的保险金额。

企业需要在遵循以上原则的基础上与员工签订劳动合同，除此之外，对合同的签订时间、用工等也需要有一定的了解。

⑤劳动合同签订时间。自用工之日起一个月内订立书面劳动合同即可，否则用人单位须支付给劳动者双倍工资。自用工之日起超过一年未与劳动者签订书面劳动合同的，视为双方已形成无固定期限劳动合同。

⑥非全日制用工。非全日制劳动者在同一用人单位一般平均每日工作时间不超过四小时。每周工作时间累计不超过 24 小时，且不得约定试用期。非全日制用工小时计酬标准不得低于最低小时工资标准，劳动报酬结算支付周期最长不得超过 15 日。

（2）劳动合同的变更

合同的变更是指在合同成立以后，在尚未履行或未完全履行以前，当事人双方就合同的内容进行的修改和补充。

《中华人民共和国劳动合同法》第三十五条规定，用人单位与劳动者协商一致，可以变更劳动合同约定的内容。变更劳动合同，应当采用书面形式。其特征如下。

①合同的变更必须经双方当事人协商一致，是在原来合同的基础上达成变更协议。

②合同内容的变更是指合同内容的局部变化，不是合同内容的全部变更。

③合同变更后，原合同变更的部分依变更后的内容履行，原合同没有变更的部分依然有效，即合同的变更并没有消灭原合同关系，只是对原合同的内容进行了部分修改。

8.1.3　合同到期拒签的处理

劳动合同到期后的处理工作看似简单，但是如果涉及用人单位或是劳动者拒绝续签合同的情况，人力资源工作者则需要引起重视，避免因此产生不必要的纠纷。

一般情况下劳动合同到期拒签存在两种情况，分别是用人单位拒绝续签和劳动者拒绝续签。

◆ 用人单位拒绝续签

劳动合同到期以后，如果是用人单位拒绝续签劳动合同，应当向劳动者支付经济补偿金。

合同期满后，本应签订无固定期限劳动合同，但是公司不续签，属于违法解除劳动合同，需要向劳动者支付赔偿金。

◆ *劳动者拒绝续签*

不只是用人单位可以拒绝续签合同，劳动者同样可以拒绝续签劳动合同，主要分为以下两种情况。

①如果用人单位降低原来的劳动条件，员工不续签劳动合同的，那么用人单位需要对劳动者进行经济补偿。例如某企业与员工的劳动合同到期后由于薪酬结构调整，张某的待遇下调了，张某拒绝续签，则需要支付张某赔偿金。

②如果用人单位在员工劳动合同到期后维持了原来的劳动条件或是提高了劳动条件，劳动者拒绝续签的，则用人单位对劳动者不需要进行经济补偿。例如某企业黄某与公司的劳动合同到期以后，公司充分考虑后决定上调其待遇情况，黄某仍然拒绝续签劳动合同，则公司不需要支付黄某赔偿金。

需要注意的是，以上两点中提到的劳动条件包括工资却又不仅仅是工资，还包括工作环境、福利水平等。

那么合同到期拒绝续签涉及的经济补偿金应当如何计算呢？应当具体考虑劳动者的工作年限。

①经济补偿的金额取决于劳动者在本单位工作的年限，劳动者工作每满一年支付一个月工资。六个月以上不满一年的，按一年计算；不满六个月的，按半个月计算。

②员工的月工资太高，即高于本地区上年度职工月平均工资的三倍，经济补偿金只按职工月平均工资三倍的数额支付，并且计算的最高年限不超过 12 年。

下面通过具体的案例来看拒绝续签劳动合同的经济补偿金计算。

实操范例 员工拒绝续签劳动合同的经济补偿金计算

张某在某广告设计公司从事广告设计工作，已经在该公司工作了 10 年，与公司的劳动合同快要到期了，公司正在准备与其续签劳动合同。

该公司因为业务发展需要，对内部员工的薪酬进行了重新规划，在与张某续签劳动合同时提出要降低张某的基本待遇和福利，张某觉得不合理，于是拒绝续签劳动合同，准备换一家公司工作。

张某的月工资为 9 800.00 元，已知当地的上年度职工月平均工资为 3 200.00 元，那么该公司需要向张某支付多少经济补偿金呢？

$$3\ 200.00 \times 3 = 9\ 600.00 （元） < 9\ 800.00 （元）$$

$$经济补偿金 = 9\ 600.00 \times 10 = 96\ 000.00 （元）$$

通过以上案例可以看到因为该公司支付了大量的经济补偿金，因此企业在考虑是否与员工续签劳动合同时要慎重，避免因为劳动合同问题承担较大损失。

知识扩展 上一年度月平均工资具体介绍

企业所在地方不同，对应的上一年度的当地月平均工资各不相同，这主要与当地的发展情况、消费水平和工资标准等相关。人力资源工作者可以通过当地的社保部门公布的数据了解当地月平均工资标准。

8.1.4　劳动合同的解除和终止

劳动合同的解除和终止是指劳动合同期满或当事人双方约定的劳动合同终止条件出现，劳动合同即行解除或终止。

（1）劳动合同的解除

劳动合同的解除，根据不同的情形有不同的处理办法，企业的人力资源工作者应当准确认识，避免违规操作，给企业带来不良影响。

◆ 一般情况解除

一般情况解除劳动合同主要包括两种情况，分别是合意解除和通知解除，具体介绍如下。

①合意解除。指经过劳动合同双方当事人协商一致，解除劳动合同。

②通知解除。劳动者因个人原因需要解除劳动合同的，应当提前 30 日通过书面的形式通知用人单位。

◆ 劳动者随时通知解除

存在以下情形的，劳动者可以随时通知用人单位解除合同。

①在试用期内的。

②用人单位以暴力、威胁或者非法限制人身自由的手段强迫劳动的。

③用人单位未按照劳动合同约定支付劳动报酬或者提供劳动条件的。

◆ 劳动者无过失解除

存在以下情形的，用人单位可以提前 30 日，通过书面形式通知劳动者解除合同。

①劳动者患病或者非因工负伤，医疗期满后，不能从事原工作也不能从事由用人单位另行安排的工作的。

②劳动者不能胜任工作，经过培训或者调整工作岗位仍不能胜任工作。

③劳动合同订立时所依据的客观情况发生重大变化，致使原劳动合同无法履行，经当事人协商不能就变更劳动合同达成协议的。

需要注意的是，用人单位解除合同未按规定提前 30 日通知劳动者的，自通知之日起 30 日内，用人单位应当对劳动者承担劳动合同约定的义务。

◆ 劳动者过失解除

劳动者有下列情形之一的，用人单位可以随时解除劳动合同。

①在试用期间被证明不符合录用条件的。

②严重违反劳动纪律或者用人单位规章制度的。

③严重失职，营私舞弊，对用人单位利益造成重大损害的。

④被依法追究刑事责任的。

⑤法律、法规规定的其他情形。

知识扩展 用人单位不得解除合同的情形

用人单位不得解除劳动合同的情形包括：①患职业病或者因工负伤并被确认丧失或者部分丧失劳动能力的；②患病或者负伤，在规定的医疗期内的；③女职工在孕期、产期或哺乳期内的；④法律、法规规定的其他情形。

需要注意的是，因用人单位做出的开除、除名或辞退解除劳动合同的决定而发生的劳动争议，用人单位负举证责任。举证不能或不充分的，人民法院或劳动争议仲裁机构可以撤销用人单位的决定，用人单位应赔偿劳动者损失。

（2）劳动合同的终止

根据《中华人民共和国劳动合同法》的规定，在实际情况中满足下列情形的，劳动合同将终止。

①劳动合同期满的。

②劳动者开始依法享受基本养老保险待遇的。

③劳动者死亡，或者被人民法院宣告死亡或者宣告失踪的。

④用人单位被依法宣告破产的。

⑤用人单位被吊销营业执照、责令关闭、撤销或者用人单位决定提前解散的。

⑥法律、行政法规规定的其他情形。

除了以上规定的合同终止条件之外，当劳动者达到法定退休年龄的，劳动合同终止。

8.2 做好员工离职管理有备无患

通常企业在任何时间节点都可能出现员工离职的情况，在面对员工提出离职时，人力资源工作者要冷静处理，避免因为员工离职给企业造成负面影响或是影响其他员工。

8.2.1 离职前的面谈

作为一名合格的人力资源工作者，在面对员工提出要离职时，一定要让离职员工对企业的最后印象保持良好。如果处理不当给员工留下负面的印象，离职员工可能会对企业形象进行诋毁，影响企业发展，甚至会影响在职员工的情绪和工作状态。

通常员工提出离职就已经对公司有一定的不良看法或是消极态度，人力资源工作者更需要借助离职面谈尽量了解离职员工的想法，化解其内心的偏见，给离职员工留下好印象。

人力资源工作者应当慎重对待人力资源面谈工作，不能以应付的心态应对，这样往往不能起到很好的效果。

（1）离职面谈前的准备工作

通常不是所有离职者都愿意把心里的真实想法讲出来，这就要求事前收集员工的资料信息，例如员工档案、个性特点以及绩效表现等，并充分与员工的上级领导沟通，做好准备。离职面谈准备工作如下。

①了解离职者的基本情况，主要包括姓名、年龄、部门、职位和到职时间等。

②根据离职者的情况，准备面谈的话题。

③安排面谈的时间、地点，布置环境，力求让接受面谈者在一种轻松的状态下把真实的想法表达清楚。

（2）面谈过程控制

面谈过程是人力资源工作者收集信息、了解情况的重要时间，下面具体来看应当如何操作。

①首先是请面谈者入座，通过握手、微笑和寒暄等方式开场。然后进行自我介绍，简要表明面谈的主体和目的，打消对方顾虑。例如，"您好，我是人力资源部×××，今天约您过来主要是想与您谈一下关于您离职的情况，以便于我们做好以后的工作，今天面谈的结果我会为您保密，不会对您造成任何不良影响。"

②接着进行简单提问，问题要尽量广泛，避免提出封闭式问题，应当让离职人员多表达。例如，"您方不方便谈一下哪几个方面促使您做出这个决定呢？"通过几个基础问题让员工逐渐放松心里的戒备。

③然后人力资源工作者可以适时提出一些较为深入的问题，这样通常离职人员不容易抵触。例如，"您刚才谈到公司的薪酬体系存在问题，那么您觉得哪些方面需要改进呢？"

④最后面谈结束时要向对方表示感谢，以握手等方式客气地送对方离开，并表达自己的祝愿，结束面谈工作。

此外，面谈有两个要点需要了解，一是面谈过程中要注意对方情绪的变化，多站在对方的角度考虑，避免谈及对方的隐私问题；二是如果离职者同意，要做好面谈记录，如果不同意则要仔细倾听，结束后第一时间进行记录。

（3）面谈的后续跟进

面谈只是了解离职员工信息的一个过程，对于企业而言，将面谈结果反馈转化为改进企业管理工作的行动才是离职面谈的终极目的，同时也是验证此项工作流程的重要性，以及保障实施效果的重要因素。

◆ 检验离职面谈信息真伪

通过面谈收集到的有价值信息或是企业管理中存在的问题和漏洞可以反馈给其直接主管，也可以用离职人员的个人资料、培训和考核记录等进行验证，还可以通过与其他在职员工进行面谈来验证。

这样就能确认离职人员表达信息的真伪，只有真实有用的信息才是对企业有用的。

◆ 提炼信息输出报表

人力资源部门应该以月度、季度或年度等时间点将离职面谈所获的信息、数据进行细致分析，提炼出导致员工流失的关键要素，测算出流失成本，并综合成离职原因分析统计报表。

通过分析汇总，全面反映员工离职的真正原因、整体人事变动情况以及据此提出的改进公司政策、管理制度方面的建议，最终提交给分管领导参考决策。

◆ 采取相应改进措施

离职面谈的最终目的还是为了减少人事变动和降低员工离职成本，因此只有将面谈结果落实到相应措施，对企业相关工作进行指导，才能真正体现面谈的价值。

比如通过离职面谈发现大多数员工对工作条件、环境等都非常满意，对其直接主管也无异议，但还是离职不干了。因为公司所付薪水不能满足他们的基本生活开销，此时提高薪资水平就成为企业留住员工的关键。

8.2.2　员工主动辞职的防范对策

对企业而言，员工离职是十分正常的事，但是人力资源工作者也要注意员工主动离职的情况，提前制定相应的对策，避免因为一些员工离职导致企业经营和发展出现问题，列举风险见表 8-2。

表 8-2　员工离职的风险

风　险	应对措施
关键技术或商业秘密泄露	企业中掌握关键技术的人才离职，可能导致企业的关键技术流失；或者离职员工知道企业的商业秘密，可能会对企业的业务造成冲击 　　要解决这个问题，需要建立研发与技术团队，在可能的情况下不要过分依赖某一个或少数几个技术人员或工程师。此外，对关键人才签订"竞业禁止"协定，利用法律手段尽量降低商业机密泄露的风险
客户流失	这主要针对销售人员离职，对于高级销售人员，通常手里掌握了大量的客户资源，离职则会导致自身损失，而使竞争对手获利 　　要解决这个问题，可以建立企业客户数据库，使客户成为公司所有；企业营业收入是靠品牌战略吸引客户，而不过度依靠销售人员；适当对销售人员进行调区升职，避免出现离职情况
岗位空缺	员工主动离职会导致岗位空缺，如果关键员工离职，还有可能导致企业难以正常运转 　　面对这种情况就需要做好人力资源规划，避免员工离职后没有候补人员，导致公司出现损失
集体离职	企业关键人才通常具有一定影响力，一旦离职，可能导致员工追随，出现集体离职现象 　　要避免这种问题，前期选拔人才时要注意选择具有不同背景的员工；实施干部轮换制，定期在部门或地区之间进行轮换

续上表

风 险	应对措施
人心动摇	企业关键人员离职，或是出现扎堆离职，可能会使员工产生恐慌，导致人心动摇，从而使企业向心力减弱 可以与员工进行交流，说明离职员工的情况，鼓励现有员工努力工作；做好员工的职业规划和培训，营造良好的内部环境

8.2.3　辞退员工做到有据可依

辞退员工通常分为两种情况，分别是违纪辞退和正常辞退。违纪辞退即员工严重违反公司制度，因此被辞退；正常辞退是指由于企业自身经营出现问题，按照国家法律规定与员工解除劳动关系。

辞退员工如果处理不当容易造成劳动纠纷，影响企业运营。为保护劳动者的权益，相关法律明确规定，只有满足一定条件企业才能合理辞退员工。具体详见本章 8.1.4 节内容。

此外，如果用人单位濒临破产进行法定整顿期间或者生产经营状况发生严重困难，应当提前 30 日向工会或者全体员工说明情况并听取意见，经向劳动部门报告后，可以裁减人员。

下面来看一个违规辞退员工的案例。

实操范例 企业违规辞退员工造成损失

刘某在某建筑企业负责施工现场调度，双方订立了书面劳动合同，最后一份合同到 2021 年 4 月到期。然而，2021 年 3 月 20 日，企业的人力资源工作者突然将一张离岗通知书交给刘某，通知书上写明了离职原因是"企业因为发展需要，现在要缩减相关业务，将与您结束劳动关系，经双方协商同意后给予一定补偿，此后不再发生任何劳动争议"。

刘某对公司的做法表示不能理解，对公司给予的补偿方案也不能接受，但公司拒绝增加补偿，并要求刘某第二日起不得到公司上班。次日，刘某委托律师至公司所在区劳动争议仲裁委员会申请劳动仲裁，要求支付违法解除劳动关系的两倍赔偿金。

公司收到刘某的劳动争议申请书等材料后，发送书面通知给刘某称因刘某对离岗通知书有异议，并未解决，现刘某仍是公司的员工，请刘某收到通知后速回公司上班。刘某则书面通知公司称双方劳动关系已于 2021 年 3 月 20 日被公司单方解除，要求公司与刘某办理工作交接并支付相应补偿，否则，公司将承担相应的法律责任。此案因劳动争议仲裁委员会未在规定时限内审结案件，刘某直接起诉到人民法院，后经人民法院审理，支持了刘某的诉讼请求。

可以看到，案例中的公司因为没有按照规定辞退员工，协商不一致，最终导致企业遭受了较大的经济损失。

8.3　高效处理企业中的劳动争议

任何企业都可能出现员工冲突和劳动争议，人力资源工作者要做好冲突和争议的处理工作，避免企业与员工关系恶化，使企业造成较大的损失和负面影响。

8.3.1　妥善化解员工冲突

冲突是在所难免的，人力资源工作者面对冲突不应害怕，要懂得正确对待冲突，并妥善处理，可以从以下几个方面入手。

（1）事前控制

对于人力资源管理者而言，事前控制比事后处理更好。要做到事前控制需要制定相应的防范措施，具体见表 8-3。

表8-3 事前控制要做的防范措施

防范措施	介 绍
制度防范	①建立畅通的意见表达通道；②修订、更改公司制度须经公司领导审批；③定期培训，防范冲突；④建立清晰的员工晋升通道
主动沟通	①积极与员工沟通，了解员工的想法；②及时开导员工的不满情绪；③针对员工的情绪低落，提出合理化的建议
定期组织活动	①定期组织活动，让员工得到放松，消除烦恼；②通过集体性活动促进员工交流，增强凝聚力

（2）先调查再判断

人力资源工作者在遇到冲突时，应先做好调查再判断，避免冲突加剧。通过调查了解冲突细节，更有利于说服冲突员工。事前调查主要包括三方面，具体如下。

①冲突的真实情景。要了解冲突产生的原因、经过以及结果，冲突双方的观点，以及是否涉及原则性问题。

②冲突双方的关系。主要需要了解两方面，一是双方是属于同级还是上下级，是否具有竞争关系；二是双方之前有没有出现过冲突。

③当事人个性。个性通常是影响冲突的关键，也是解决冲突的重要因素。了解当事人的个性特点能够辅助进行沟通，提高冲突解决的效率。

（3）调节双方关系

员工冲突发生后，首先应当让双方进行冷静，避免再次冲突，让双方能够恢复理智。需要注意，冷处理时间不能过长，过长反而会失去解决冲突的好时机。

冷处理后，就可以就冲突事件本身对当事人进行劝解，根据不同的性格选择不同的劝解方式，例如迂回劝解、直接劝解等。

冲突处理完后，还要进行后续跟踪，了解双方的态度，即冲突是否已经真的解决了。如果难以解决，这可以通过调岗、换职位的方式迂回解决。

8.3.2 劳动争议处理的方式

发生劳动争议后，劳动者与用人单位应当选择有利于维护自身合法权益，有利于快速解决问题的方式，妥善处理争议。下面具体介绍劳动争议处理的四种方法。

◆ 协商程序

协商是指劳动者与用人单位在问题发生后，通过私下沟通的方式解决争议问题。

劳动者与用人单位通过协商解决争议，有利于促进问题的快速解决。但是，协商程序不是处理劳动争议的必经程序。双方可以协商，也可以不协商，完全出于自愿，任何人都不能强迫。

◆ 调解程序

调解程序是指劳动纠纷的一方当事人就已经发生的劳动纠纷向劳动争议调解委员会申请调解的程序。

根据《中华人民共和国劳动法》规定，在用人单位内，可以设立劳动争议调解委员会负责调解本单位的劳动争议。调解委员会委员由单位代表、职工代表和工会代表组成。

◆ 仲裁程序

仲裁程序是劳动纠纷的一方当事人将纠纷提交劳动争议仲裁委员会，由仲裁委依法开庭审理，并做出仲裁裁决。

仲裁劳动争议的法定前置程序是：当争议发生后必须经过仲裁，不得直接起诉到法院。经仲裁依法做出的裁决书是具有法律强制力的，公司方如不履行，劳动者可申请法院强制执行。

◆ 诉讼程序

根据《中华人民共和国劳动法》规定，劳动争议当事人对仲裁裁决不服的，可以自收到仲裁裁决书之日起 15 日内向人民法院提起诉讼。一方当事人在法定期限内不起诉，又不履行仲裁裁决的，另一方当事人可以申请人民法院强制执行。

诉讼程序具有较强的法律性、程序性，做出的判决也具有强制执行力。

8.3.3 劳动争议的提前预防

企业出现劳动争议的原因是多方面的，因此在制定预防劳动争议措施时，也要进行多方面的考虑，为企业减少不必要的麻烦。

预防劳动争议可以从四个方面入手，具体见表 8-4。

表 8-4 劳动争议的预防措施

预防措施	介　绍
正确树立合同意识	通过合同将双方的权利和义务以契约的方式先固定下来，是解决纠纷的最佳工具。企业要严格按照《中华人民共和国劳动合同法》的规定与劳动者订立劳动合同，内容要全面。要制定统一的合同文本，并聘请法律顾问加以审核，避免因合同违规引发劳动争议
依法保障员工权益	在签订劳动合同时，必须如实告知劳动者工作内容、工作地点、职业危害以及劳动报酬等事项，明确加班调休和付酬标准、办法等。企业要切实做好合同规定的各项义务，保障员工的权益
建立健全企业管理规章制度	企业为了生产经营制定的各种规章制度和劳动纪律，对涉及职工利益的制度，一定要提交职工代表大会审议通过，并应保留好讨论、协商的书面证据，同时要注意加强公示和宣传
构建防范劳动争议的内部机制	建立一套有效的劳动争议内部防范机制，一旦发生劳动纠纷，企业既可以从容应对，也可以最大限度地维护自身利益。建立职工有权参与或影响决策的管理机制，畅通员工诉求及沟通渠道，促进相互交流。建立健全劳动争议调解委员会，通过内部调解机制，尽量将劳动争议苗头扼杀在萌芽状态

除了上表中介绍的预防劳动争议的方法外，关于员工的辞退和开除工作也要谨慎行事，避免因操作不当导致劳动争议产生，影响企业形象。企业对员工辞退、除名和开除的决定书必须送达被处理者本人，并告知被处理者享有申辩、仲裁和诉讼的权利。

此外，如果被处理者不知去向或长期在外不归，应将处理决定书送至其共同居住的成年家属签收。拒不签收处理决定书者，应有两名无利害关系人在场证明，将决定书留置送达。

8.3.4 做好竞业限制为企业规避风险

竞业限制是用人单位对负有保守用人单位商业秘密的劳动者，在劳动合同、知识产权权利归属协议或技术保密协议中约定的竞业限制条款，用于保守企业的秘密。

用人单位和知悉本单位商业秘密或者其他对本单位经营有重大影响的劳动者在终止或解除劳动合同后，一定期限内不得在生产同类产品、经营同类业务或有其他竞争关系的用人单位任职，也不得自己生产与原单位有竞争关系的同类产品或经营同类业务。

（1）区别竞业禁止与竞业限制

竞业禁止是公司法规定的公司高级管理人员，如董事、经理等不得自营或与他人合作经营与其所任职的公司同类的业务。而竞业禁止和竞业限制的概念容易混淆，下面具体来看两者的区别，见表 8-5。

表 8-5 竞业禁止与竞业限制的区别

区 别 项	竞业禁止	竞业限制
针对对象	公司董事、高级管理人员	负有保密义务的劳动者，可以包括董事、高级管理人员
在职与否	针对的是在职人员	针对的是离职人员

续上表

区 别 项	竞业禁止	竞业限制
能否解除	不能约定解除	企业违反竞业协议承诺未支付补偿，劳动者经催告后仍不付补偿，劳动者可以行使解除权；单位提前一个月通知可以放弃竞业限制
效　　力	针对的在职人员只要未离职，就一直适用	针对员工的限制为离职两年以内
补偿情况	不需要支付补偿	员工离职后必须补偿，而不是在职期间支付保密费
承担责任	侵权责任	可能是违约责任，也可能是违约责任和侵权责任的结合

（2）竞业限制补偿金

用人单位与负有保守用人单位商业秘密义务的劳动者，在竞业限制协议中对经济补偿金的标准、支付形式要进行约定，实施过程中遵从其约定。因用人单位原因不按协议约定支付经济补偿金，经劳动者要求仍不支付的，劳动者可以解除竞业限制协议。

如果竞业限制协议对经济补偿金的标准、支付方式等未做约定的，劳动者可以要求用人单位支付经济补偿金。双方当事人由此发生争议的，可按劳动争议处理程序解决。

而经济补偿金的金额，我国劳动合同法未作明确规定，各地的标准不同，在实际操作中需要参考当地的具体标准。下面来看一般的竞业限制协议书。

实用范本 **竞业限制协议书**

甲方：（企业）　　　　　　统一社会信用代码：

乙方：（员工）　　　　　　身份证号码：

鉴于乙方知悉的甲方商业秘密具有重要影响，为保护双方的合法权益，双方根据国家有关法律法规，本着平等自愿和诚信的原则，经协商一致，达成下列条款，双方共同遵守。

一、乙方义务

1.1 未经甲方同意，乙方在职期间不得自营或者为他人经营与甲方同类的行业。

1.2 不论因何种原因从甲方离职，离职后两年内不得到与甲方有竞争关系的单位就职。

1.3 不论因何种原因从甲方离职，离职后两年内不自办与甲方有竞争关系的企业或者从事与甲方商业秘密有关的产品的生产。

二、甲方义务

从乙方离职后开始计算竞业限制时起，甲方应当按照竞业限制期限向乙方支付一定数额的竞业限制补偿费。补偿费的金额为乙方离开甲方单位前一年的所得收入。补偿费按季支付，由甲方通过银行支付至乙方银行卡上。如乙方拒绝领取，甲方可以将补偿费向有关方面提存。

三、违约责任

3.1 乙方不履行规定的义务，应当承担违约责任，一次性向甲方支付违约金，金额为乙方离开甲方单位前一年的基本工资的 5 倍。同时，乙方因违约行为所获得的收益应当还甲方。

3.2 甲方不履行义务，拒绝支付乙方的竞业限制补偿费。甲方应当一次性支付乙方违约金人民币 50.00 万元。

四、争议解决

因本协议引起的纠纷，由双方协商解决。如协商不成，则提交仲裁委员会仲裁。

五、合同效力

本合同自双方签章之日起生效。本合同的修改，必须采用双方同意的书面形式。双方确认，已经仔细审阅过合同的内容，并完全了解合同各条款的法律含义。

甲方：（签章）　　　　　乙方：（签名）

工作梳理与指导

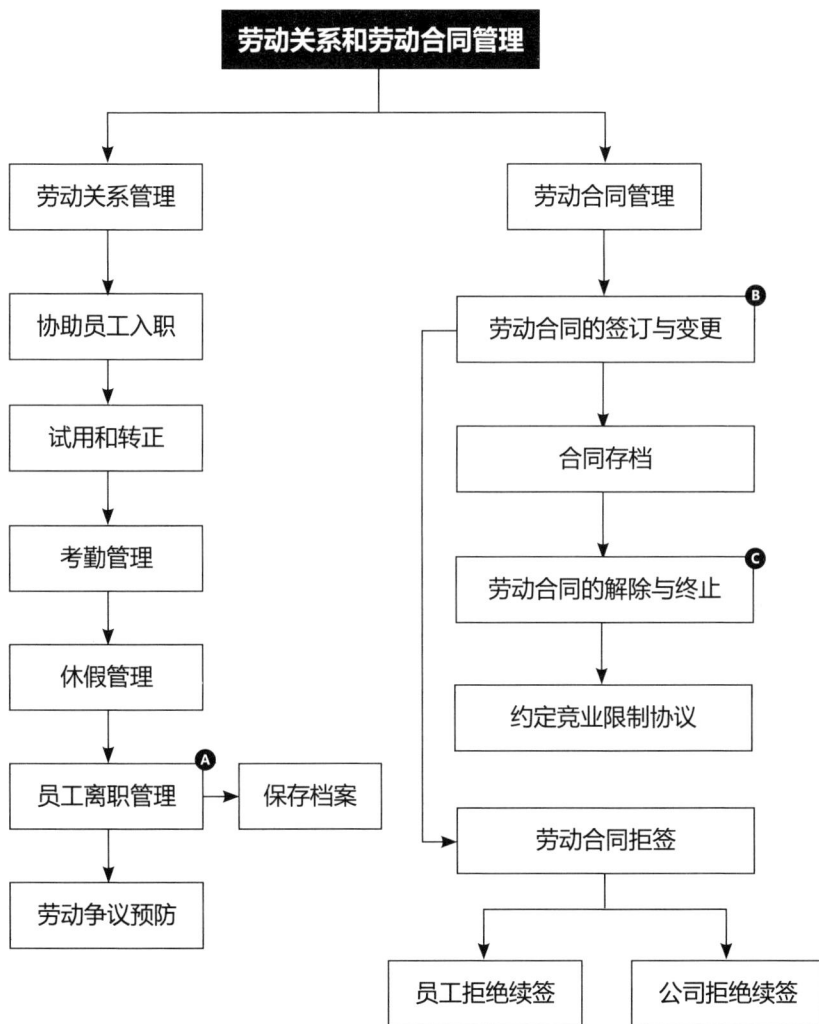

劳动关系和劳动合同管理

劳动关系管理

- 协助员工入职
- 试用和转正
- 考勤管理
- 休假管理
- 员工离职管理 **A** → 保存档案
- 劳动争议预防

劳动合同管理

- 劳动合同的签订与变更 **B**
- 合同存档
- 劳动合同的解除与终止 **C**
- 约定竞业限制协议
- 劳动合同拒签
  - 员工拒绝续签
  - 公司拒绝续签

按图索骥

Ⓐ 员工离职的意向应当提前 30 天提出，离职前首先需要填写离职申请表和离职审批表，审批通过后进行员工离职交接流程，并填写员工离职交接表，然后与财务部门进行交接，结清相关账务。此外，通常每张表格都需要相应的负责人和人事部门工作人员签字确认，最后才开具离职证明。

Ⓑ 2020 年 3 月，人力资源社会保障部办公厅印发《人力资源社会保障部办公厅关于订立电子劳动合同有关问题的函》，文件明确：用人单位与劳动者协商一致，可以采用电子形式订立书面劳动合同。采用电子形式订立劳动合同，应当使用符合电子签名法等法律法规规定的可视为书面形式的数据电文和可靠的电子签名。电子劳动合同能够提高合同管理效率，方便查找。

Ⓒ 企业裁员分两种情况，一是濒临破产，被人民法院宣告进入法定整顿期间；另一种情况是生产经营发生严重困难，达到当地政府规定的严重困难企业标准。此外，企业裁减人员，还应当严格依照法律和有关规章规定的程序进行。企业只有具备了法定条件并严格按照法定程序进行，裁减人员才是合法的。

答疑解惑

问： 首次负责管理公司的合同，请问人力资源工作者需要管理公司所有合同吗？

答： 通常人力资源工作者不需要负责所有的合同，企业的采购、销售和预订等合同都应当由相应的部门进行保管。人力资源工作者只需要负责和人力资源相关的合同，如劳动合同、劳务合同、培训协议以及竞业协议等。

问： 如果因为离职等引发了劳动争议，进行劳动仲裁是到劳动局还是到法院？

答： 劳动局有一个部门叫做劳动争议仲裁科，这个部门负责在有劳动争议案件的时候，以劳动争议仲裁委员会的名义召集仲裁员组成仲裁庭，审理劳动争议案件。所以劳动仲裁是找劳动局。通过仲裁不能解决问题，或是对仲裁结果不服的可以向法院提起诉讼，由法院进行判决。

问： 劳务派遣、劳动关系、劳动法律关系这三者之间到底什么关系？

答： ①劳务派遣又称人力派遣、人才租赁、劳动派遣、劳动力租赁或雇员租赁，是指由劳务派遣机构与派遣劳工订立劳动合同，并支付报酬，把劳动者派向其他用工单位，再由其用工单位向派遣机构支付一笔服务费用的一种用工形式。劳动力给付的事实发生于派遣劳工

答疑解惑

与要派企业（实际用工单位）之间，要派企业向劳务派遣机构支付服务费，劳务派遣机构向劳动者支付劳动报酬；②劳动关系：生活在城市和农村的任何劳动者与任何性质的用人单位之间，因从事劳动而结成的社会关系都属于劳动关系的范畴；③劳动法律关系是指劳动法律在规范调整劳动关系过程中，形成的法律上的劳动权利和劳动义务关系。劳动法律关系是劳动关系在法律上的表现，是当事人之间发生的符合劳动法律规范、具有权利义务内容的关系。

问：员工入职时签订了劳动合同，辞职时就会自动作废了吧，需要办理什么手续吗？

答：①员工辞职时，要留下员工的辞职报告，以免员工事后声称自己被开除，索要经济补偿金；②让员工按照规定办理工作交接，避免员工带着问题离开；③员工入职时填写的合同、表单等，根据公司的需要也可以保留一段时间；④所有手续办理完成后，为员工办理离职证明。

问：公司名称及法人变更后，公司员工重新建立劳动合同，如果员工不同意续签，是否可以要求赔偿？

答：这不属于客观情况发生重大变化，不能够要求补偿。劳动者与企业建立劳动合同关系后，企业法人的变更（分立或合并），并不意味着与劳动者订立的劳动合同同时终止；企业法人发生变更后，其原法人与劳动者在劳动合同中规定的权利义务应当由继承其权利义务的新法人承担。

问：目前公司有一位返聘人员（已经领取养老金），现公司想解聘该员工，请问怎么处理此事？

答：首先判断出与该人员属于劳务关系；其次劳务关系属于民事关系，适用于合同法和民法；企业和返聘人员属于平等的民事关系，因此不是解聘，而是终止劳务合同或者协议；最后根据签订的合同（或者协议）及内容中的解除合同条款进行协商。

实用模板

劳动争议管理制度	退休职工基本信息登记表	员工职业生涯规划制度
离职管理制度	员工纪律处分登记表	劳动安全卫生管理制度
企业文化建设自查表	员工劳动合同到期考核表	劳动合同管理制度
签订劳动合同登记表	员工满意度管理制度	劳动争议处理管理制度
签订劳动合同明细表	员工退休管理制度	员工满意度调查问卷
退休申请表	员工心理援助（EAP）实施计划书